PRINCIPES
D' UN
BON GOUVERNEMENT,
OU
RÉFLEXIONS
MORALES ET POLITIQUES,

tendantes
à procurer le bonheur de l'homme & celui
des sociétés politiques.

Par

Mr. DE CAMPAGNE,

Conseiller Privé au Grand Directoire françois &c.

TOME II.

PREMIÈRE PARTIE.

A BERLIN,
Chez George Louis Winter. 1768.

PRINCIPES

D'UN

BON GOUVERNEMENT,

OU

RÉFLEXIONS
MORALES ET POLITIQUES.

TOME SECOND.

PREMIÈRE PARTIE.

PRINCIPES
D'UN
BON GOUVERNEMENT,
OU
RÉFLEXIONS
MORALES ET POLITIQUES,
CONTENANT
LES MOYENS DE CONTRIBUER AU BONHEUR
DES
DIVERSES SOCIÉTÉS.

PREMIÈRE PARTIE.

CHAPITRE I.
De la société, de l'état de nature, & des maximes générales de toute société politique.

65.

L'homme est fait pour vivre en société. Né pour le bonheur, il n'en jouiroit pas, s'il étoit abandonné à lui même. Depuis le moment qu'il voit le jour jusqu'à celui auquel ses yeux se ferment à la lumière, il sent continuellement le besoin qu'il a des autres hommes.

66.

Que la condition de l'homme feroit déplorable, fi de tendres parens ne furmontoient courageufement les dégoûts & les embarras qu'il donne dans l'enfance, & ne prenoient foin de lui! Que feroit-ce de fon entendement, s'il n'étoit foigneufement cultivé, & de fa volonté s'il n'apprenoit à la régler? *a)*

a) L'homme fauvage de Mr. Rouffeau, cet homme gouverné par la pure nature, & dont la raifon n'eft pas cultivée, croupiroit avec fon indépendance, pour laquelle il n'eft pas né, dans une enfance continuelle: expofé à des maux fans nombre, & dénué des connoiffances les plus néceffaires, il feroit incapable de la moindre induftrie pour fe fouftraire à la mifère dont il fe verroit accablé; ainfi que l'a parfaitement développé Mr. de Caftiglion dans l'excellent ouvrage qu'il a fait contre Mr. Rouffeau, & qui eft intitulé *Difcours fur l'origine de l'inégalité parmi les hommes, pour fervir de réponfe au Difcours que M. R. C. de G. a publié fur le même fujet. . à Amfterd. 1756.* Voyez auffi le Ch. VII. du traité de Mr. Reimarus *fur les principales vérités de la Religion Naturelle. Edit. de 1766.* Il y montre avec beaucoup de folidité, combien peu ce célèbre citoyen de Genève eft d'accord avec lui-même dans la plupart des raifonnemens qu'il fait fur l'inégalité des conditions, & que c'eft contre l'expérience la plus commune, même contre celle des fauvages de l'Amérique, dont il voudroit fe prévaloir, qu'il fuppofe que nous fommes deftinés à être muets & ftupides, à vivre dans la folitude, & à imiter les bêtes, quoique dans leurs manières d'agir les unes différent totalement des autres, & que d'ailleurs il admette la perfectibilité de l'homme. Il y fait voir pareillement combien font frivoles les raifons, par lesquelles Mr. R. voudroit nous perfuader, que fans culture, fans éducation, fans réflexion & fans langage, nous ferions meilleurs & plus heureux; & que la fociété, l'ufage de la

67.

Parvenu à l'âge de raison, l'homme s'apperçoit bientôt, que la terre se couvre d'épines & de ronces, quand elle est délaissée, & qu'il faut plusieurs bras pour la mettre en état de produire les richesses dont elle lui fait part. Que lui serviroient la plupart des biens de la terre, s'ils n'étoient rendus propres à son usage ? Privé parole & de la raison, les sciences & les arts, sont en eux-mêmes la source de l'infortune du genre humain. Enfin il conclut que l'abus que nous faisons des meilleures choses, n'autorise en aucune façon Mr. R. à faire de l'homme un vrai misantrope, un être inutile, & même nuisible à la société, & qu'il a grand tort de nous rendre mécontens de nous-mêmes, d'affermir les méchans dans leur haine contre les gens de bien qu'il taxe d'hypocrisie, d'affoiblir le goût des sciences & des arts, & de répandre des doutes sur les vérités les plus essentielles à notre bonheur. "Les paradoxes que Mr. R. a avancés sur cette matière, sont si peu dignes d'un esprit juste & sensé, que je suis tenté de croire que ce n'a été de sa part qu'un jeu d'esprit, pour faire voir l'abus que l'on peut faire & du raisonnement & des charmes de l'élocution. „Qui l'auroit cru, est-il dit *dans la Bibl. des Sciences & des Beaux-Arts T. IV. P. II. art. 7. p. 407.* que pour „constater que nous étions naturellement égaux, il fallût „prouver qu'originairement nous étions au dessous de la bête, „raisonnables sans raisonner, susceptibles de vertu sans aucune „idée de devoir, accessibles aux passions sans aucun désir „dans le cœur, libres sans faire aucun choix, comblés des „bienfaits de notre Créateur sans penser jamais à lui, so-„ciables sans liaison, pères & époux sans tendresse, frères „sans amitié, capables de parler sans daigner l'apprendre, „industrieux sans industrie, perfectibles à une infinité d'égards „sans essayer de nous perfectionner à aucun, immortels sans „le savoir, nés en un mot uniquement pour manger, pour „multiplier, pour dormir, pour mourir.

de secours & de mille commodités, il seroit exposé à un travail excessif pour fournir à sa subsistance, & il traîneroit une vie languissante & malheureuse. Comment d'ailleurs s'il restoit seul, se précautionneroit-il contre les attaques des bêtes féroces? comment se garantiroit-il des voleurs & des brigands? Comment satisferoit-il la plupart de ses goûts & de ses inclinations? En un mot les hommes ne sauroient obtenir les choses, ni acquérir les connoissances dont-ils ont besoin pour être heureux, & se maintenir en bon état que par la société. Quel motif pour la bien régler, & pour la rendre la source d'un bonheur mutuel!

68.

Comment l'homme a-t-il pu arriver à ce degré d'égarement, que de croire qu'il étoit le maître de sa vie *a*)? Dieu l'a-t-il donc formé pour qu'il rapporte tout à lui même? Peut-il méconnoître les vues de Dieu sur lui! Non seulement la loi de sa propre conservation lui défend d'attenter à sa vie; mais encore la loi de la société exige qu'il garde le poste où Dieu l'a placé. Il doit à Dieu, qui est le maître de toutes ses facultés, l'hommage & la soumission à sa volonté sans

―――――――――――――――――――

a) „Dieu nous a mis sur la Terre, comme un capitaine „met son soldat en faction, à qui il n'est pas permis d'en sortir „qu'on ne vienne le relever. Le philosophe peut donc dé- „sirer la mort, mais il ne doit jamais se la procurer, pour „ne point sortir de faction sans ordre. *Platon.*

laquelle il ne lui eſt pas permis de le quitter. Il doit au prochain du moins l'exemple d'une parfaite réſignation, s'il ne peut lui être utile ou l'édifier d'une autre manière. D'ailleurs ſi l'autre vie dépend du bon emploi de celle-ci, comme on n'en peut douter, l'homme a-t-il trop de temps de toute ſa vie, qui, quelque longue qu'elle ſoit, n'eſt qu'un inſtant par rapport à l'éternité, pour s'y préparer. Il n'y a point de moment où il ne doive déſirer d'avoir le temps de s'amender, & d'acquérir les diſpoſitions qu'il doit revêtir pour être heureux dans la vie à venir.

69.

La première ſociété eſt celle de l'homme & de la femme: elle donne lieu à celle qui ſubſiſte entre les pères & les mères & leurs enfans. A ces deux ſociétés eſt ſouvent jointe une troiſième, qui eſt celle des maîtres & des domeſtiques. Ces trois ſociétés ſe rencontrent communément dans ce qu'on appelle une *famille*.

70.

Pluſieurs *familles* réunies enſemble, pour obvier aux inconvéniens de l'état de nature, forment ce qu'on nomme une *ſociété politique*, un *Etat*, une *république*.

71.

L'état de nature a pluſieurs avantages: tous les hommes y ſont égaux. Point de ſubordination, que celle de l'âge, du sexe ou du mérite personnel: sans être un état de licence, c'est un état de liberté qui donne le droit de disposer de sa personne & de ses biens, comme on le juge convenable, & qui n'est soumis qu'à la loi naturelle. Chacun y jouit de la prérogative de juger ceux qui violent cette loi, & de les punir avec la modération & la prudence que la raison suggère, & dans le degré nécessaire pour empêcher qu'elle soit violée à l'avenir. Voilà le véritable état de nature : il ne subsiste plus qu'en partie, à savoir entre les différentes sociétés politiques ou les républiques.

72.

Mais si à quelques égards l'état de nature seroit avantageux aux particuliers, il leur deviendroit pernicieux à bien d'autres. Cet état en effet est exposé à divers inconvéniens.

73.

L'homme aveuglé par ses passions, guidé par son intérêt, & peu soigneux d'étudier les loix naturelles, les met en oubli, & ne se conduit la plupart du temps que selon les vues de ses penchans déréglés. Livré donc à lui même dans l'état de nature, il jugeroit avec partialité; & se croyant tout permis, il commettroit mille injustices, s'il avoit la force en main: quel désordre affreux, si chacun étoit autorisé à suivre tous ses caprices !

74.

On voit ainsi que l'état de nature est contraire au bonheur des hommes, & qu'il manque dans cet état *a*).

I. Des loix suffisamment étendues, connues & approuvées, pour terminer les divers démêlés qui surviennent entre les hommes: car bien que le droit naturel renferme des règles générales pour toutes nos actions; cependant comme l'ignorance & les passions peuvent empêcher d'en faire une juste application, on a besoin d'un droit positif, qui contienne des règles & des principes propres à faire distinguer cette variété presque infinie de cas & de circonstances qui font varier les décisions.

II. Un juge impartial, qui ne se laisse point prévenir, & qui fasse une application équitable des loix.

III. Un pouvoir & une autorité capable de faire exécuter les loix, & d'obliger à leur observation.

75.

L'état de nature devient donc par la corruption des hommes, un état d'imperfection qu'ils doivent éviter, & qui leur impose l'obligation de se rendre membres de quelque société politique.

a) Voyez les tableaux qu'Horace & Lucrèce font de la vie des premiers hommes. *Hor. Sat. III. lib. I. vs. 99. & seqq. Lucret. lib. V. vs. 923. & seqq.* & le traité du *Gouvernement Civil* de **Locke**.

76.

Une société politique, qu'on nomme autrement un Etat, ou une république, consiste dans un nombre suffisant *a)* de personnes, rassemblées dans la vue de procurer leur intérêt commun, & de se précautionner contre quiconque voudroit troubler leur tranquillité.

77.

La principale fin que les hommes doivent se proposer, & qu'ils se proposent en s'unissant ainsi en société, & en se soumettant à un gouvernement, c'est donc de composer un corps capable de pourvoir à la conservation mutuelle de leur vie, de leur liberté, de leurs biens & de leur honneur : c'est de réunir assez de forces, tant pour entretenir la paix & l'ordre au dedans de l'Etat, que pour résister aux entreprises injustes de ceux du dehors qui voudroient porter atteinte à leur bonheur.

78.

Pour parvenir au but que les hommes se proposent en société, il est de toute nécessité qu'ils

---

a) Les trop grands empires sont difficiles à gouverner, & sont pour l'ordinaire fort agités de troubles intérieurs. Ils ne se soutiennent pas non plus aussi bien que ceux qui sont d'une moindre étendue. *Magnitudo mediocris Imperium durabile magis reddit.* Salvianus. lib. V. *de gub. Dei* & suivant Lucain. lib. I.

In se magna ruunt, lætisque hunc Numina rebus crescendi posuere modum.

se dépouillent des privilèges de l'état de nature, en tant qu'ils sont incompatibles avec ce but: s'ils les conservoient, la société ne seroit plus un remède aux maux de cet état. C'est la raison pourquoi on a été obligé de mettre des bornes au pouvoir dont chaque particulier jouit dans l'état de nature, de juger de ce qui convient à sa conservation & à celle des autres, & d'exécuter les jugemens qu'il forme au sujet de la violation des loix naturelles: chacun est tenu de se soumettre à l'autorité souveraine.

79.

Cependant comme on ne se dépouille pas des privilèges de l'état de nature pour empirer sa condition, mais dans l'intention de la rendre meilleure; qui ne voit que l'administration du pouvoir souverain n'a été confiée que pour être exercée, de manière que chacun puisse d'autant mieux conserver sa vie, sa liberté, *a*) ses biens, ses droits, son honneur, & trouver dans la félicité publique son bonheur & sa conservation particulière? Voilà le vrai but de tout Etat bien policé; & voilà en même temps les bornes &

―――――

a) „Il n'y a point de sentiment plus inséparable de notre „être que celui de la liberté. (*Anti-Machiavel*) & suivant „*Marsolier*: Les hommes sont naturellement libres, & ne „veulent pas être contraints. On peut les forcer pour un „temps à porter le joug, mais à la première occasion ils ne „manquent jamais de le secouer: tout ce qui est violent ne „dure pas. *Histoire de Ximenes Liv. IV. p. 26.*

la règle du pouvoir souverain, quelque absolu qu'il soit d'ailleurs.

80.

La loi fondamentale de toute société, est donc de faire tout ce qui peut procurer l'avantage commun & la tranquillité publique, & d'éviter tout ce qui peut y porter obstacle *a*).

81.

Voici quelques maximes générales pour bien gouverner qui dérivent de cette loi. Toute société qui les mettra en pratique pourra espérer d'être heureuse & tranquille.

82.

Pour parvenir à la perfection, dont la société est susceptible, il faut avoir sans cesse devant les yeux le but pour lequel elle est établie, & embrasser tous les moyens raisonnables qui peuvent y conduire.

83.

Ce but étant la paix & la tranquillité publique, le véritable bien de la société, & de ceux qui la composent, il faut, en distinguant les vrais biens, les biens durables & solides, de ceux qui n'en ont que l'apparence, peser murement toutes les suites de ses démarches, pour n'en point faire qui ne réponde au but que l'on doit se proposer.

a) Voyez la remarque sur l'article 138.

84.

Les desseins qu'on se propose, & les moyens qu'on emploie pour y parvenir, doivent sur tout être justes *a)* & légitimes.

85.

Il convient de proportionner toujours ses soins & ses poursuites à la nature des biens que l'on recherche, & à leur dégré de bonté. Pour cet effet il faut une sage prévoyance, & une prudence consommée.

86.

De cette dernière maxime découlent sur tout ces quatre conséquences.

Première conséquence. *Il est de la prudence de préférer un grand bien à un moindre.* Ainsi la conservation d'un grand nombre de familles est préférable à celle d'un plus petit nombre : ainsi l'intérêt du public doit marcher devant celui des particuliers : ainsi l'on doit choisir de deux biens égaux, celui qui est le plus durable & qui coûte le moins.

Seconde conséquence. *Il faut souffrir un petit mal pour en éviter un plus grand.* Ainsi pour éviter une guerre funeste un prince sacri-

―――――
a) L'injustice est l'imperfection la plus à redouter, & elle ne donne aussi tout au plus qu'une satisfaction passagère : elle est infailliblement suivie de maux réels & durables qui causent dans la société de grands désordres, & souvent un entier bouleversement.

fiera son juste ressentiment : il cédera une partie de ses provinces pour sauver le reste.

Troisième conséquence. *Il convient de perdre un petit bien pour échapper à un grand mal.* Préférer un avantage présent de peu de durée, & négliger par là de se garantir de longues traverses, ou de cuisantes douleurs, est un grand aveuglement. C'est pourquoi l'on consent à la perte de son bien pour conserver sa vie, sa santé son honneur, & sa vertu.

Quatrième conséquence. *Il est souvent de notre avantage de souffrir un petit mal pour parvenir à la possession d'un grand bien.* Ainsi un prince prudent consacre certaines sommes pour des établissemens qui ne sont d'abord d'aucun rapport, mais qui dans la suite en sont d'autant plus utiles & profitables.

87.

L'homme se conduit par des motifs *a*) ; il faut donc lui en fournir d'assez puissans pour le porter au bien, & l'engager à contribuer autant qu'il dépend de lui à la perfection de la société.

88.

On entend communément par la politique, la science qui enseigne les moyens de procurer le bien d'un Etat, mais dans un sens plus étendu

---

a) Le motif qui fait le plus d'impression sur la plupart des hommes c'est l'intérêt. Il est donc de la sagesse & de la prudence d'un prince de convaincre ses sujets, que dans tout ce qu'il exige d'eux leur propre intérêt s'y rencontre.

elle renferme aussi les préceptes qu'il faut suivre pour le bonheur des sociétés particulières: ainsi il est à propos de dire quelque chose de ces sociétés particulières, avant que de passer aux sociétés politiques, d'autant plus que le bonheur des unes influe sur celui des autres.

CHAPITRE II.
De la société conjugale.

89.

Le but de la société conjugale, c'est d'avoir des enfans, & de leur donner une bonne éducation, comme aussi de trouver dans cette société les secours & les avantages qui font la félicité de cet état.

90.

Pour que cette société soit aussi parfaite qu'elle doit l'être, il faut que ceux qui en contractent les engagemens, puissent parvenir aux fins qu'ils doivent se proposer, qu'ils soient sains, d'un âge convenable, & qu'ils n'ayent aucun défaut essentiel & contraire au but du mariage. Il faut de plus qu'ils ayent de l'intelligence pour élever leurs enfans, de la vertu pour leur en inspirer les sentimens & leur donner l'exemple, & du bien, ou de l'industrie pour en gagner, afin d'être en état de fournir à leurs besoins mutuels & à ceux de leurs familles. Enfin il est nécessaire qu'ils s'aiment *a)* & s'estiment réciproquement, pour trouver dans leur union l'agrément & les secours qu'ils y cherchent. On voit aisément par là ce qui doit déterminer dans le choix *b)* d'un mari ou d'une femme.

91.

Tous les mariages, que l'on contracte uniquement pour satisfaire sa passion, ou par des vues d'intérêt, tous ceux qui se font légèrement, & sans y avoir bien pensé, sont rarement heureux. Comment conserver de la tendresse & de l'estime pour des personnes légères, inégales, capricieuses, ou bien livrées sans cesse à leurs penchans déréglés? Quel agrément peut-on se promettre avec des personnes dégoûtantes, simples, ou ridicules? à quel secours peut-on s'attendre de la part des personnes stupides, ou bien toujours dissipées, imprudentes & prodigues?
En-

---

a) „C'est une espèce de rapt qu'un mariage contracté sans tendresse. *Mr. Toussaint.*

Rien de plus contraire à l'union qui doit régner dans l'état du mariage que de se laisser aller aux mouvemens d'un cœur jaloux. „Quel est ce frénétique que je vois bouffi „de colère? - - - - Passe-t-on ainsi tout à coup de l'amour „à la haine, de l'estime au mépris, de la considération aux „outrages? Oui, quand on est jaloux. *Mr. Toussaint.*

b) „Rien n'est plus déraisonnable que de se déterminer dans „le mariage par les biens & par la beauté, & non par la „vertu & par les autres qualités de l'esprit. *Platon.*

Matrimonium vero tum perpetuum est, si mutua voluntate jungitur. Plutarch. in conjug.

Enfin quelle trifte fituation que celle du mariage, lorfque l'un & l'autre deftitués de toute induftrie, manquent du néceffaire, & ne voient autour d'eux qu'une troupe d'enfans miférables & languiffans, aux befoins defquels ils font hors d'état de fubvenir.

92.

Veut on ne pas courir les rifques de contracter des engagemens, dont on ait lieu de fe repentir, il eft effentiel avant que de fe marier de bien étudier le caractère & l'humeur de la perfonne, fur laquelle notre choix doit tomber, pour favoir fi elle a l'humeur douce, de la vertu & les autres qualités qui nous conviennent. Cet examen eft d'autant plus néceffaire que l'union conjugale ne devroit finir qu'avec la vie.

93.

Locke dans fon traité du *Gouvernement Civil*, allègue une raifon plaufible, pour prouver qu'à en juger par les feules lumières de la raifon, le mariage doit fubfifter pendant plufieurs années *a*)

---

a) Si l'on permet aifément le divorce, on court rifque d'introduire la confufion & d'augmenter le défordre dans les familles. Comment le père & la mère concourront-ils à l'éducation de leurs enfans, fi l'on favorife leurs brouilleries jufques à caffer des mariages pour de légères caufes, & pour des raifons manifeftement frivoles? C'eft agir contre les deffeins de la nature qui les a formés l'un & l'autre pour travailler conjointement au bien de leur famille. On peut dire la même chofe de la polygamie qui eft peu propre à faire le bonheur de la fociété conjugale: elle eft pareillement contraire aux deffeins de la nature. Pour s'en con-

entre les mêmes personnes. „La fin, dit-il, de
„la société entre le mâle & la femelle, n'étant
„pas simplement de procréer, mais de continuer
„l'espèce, cette société doit durer du moins,
„même après la procréation, aussi longtemps
„qu'il est nécessaire pour la nourriture & la
„conservation des procréés, c'est à dire, jus-
„ques à ce qu'ils soient capables de pourvoir eux-
„mêmes à leurs besoins. Cette règle, que la sa-
„gesse infinie du Créateur a établie sur les œuvres
„de ses mains, nous voyons que les créatures
„inférieures à l'homme, l'observent constam-

vaincre, on n'a qu'à faire attention, qu'il naît pour l'ordinaire plus de garçons que de filles. *v. la remarque sur l'art.
64.* Aussi voit-on que dans les pays où elle est tolérée, on
en vient à faire des eunuques. Par où l'on prive une bonne
partie des hommes des droits que la nature leur avoit assurés.
La polygamie est aussi moins propre que la monogamie à la
propagation du genre humain, ainsi que l'expérience le
prouve dans les régions où elle est reçue. On assure même
qu'elle produit des enfans foibles dont il meurt un grand
nombre dans le bas âge. Il y a d'ailleurs divers autres inconvéniens attachés à la polygamie; savoir la jalousie & les
intrigues des femmes agitées de passions violentes; la dureté
avec laquelle on est obligé de les traiter, & de les faire garder par des eunuques, les crimes contre nature qu'elle occa-
sionne; le mépris que les femmes ont pour les enfans de
leurs compagnes &c: inconvéniens incompatibles pour la
plupart avec une bonne éducation, & entièrement contraires
à nos usages, aux droits des femmes & aux maximes de
nos Saintes Ecritures, de façon que si on vouloit l'introduire
parmi nous, cela ne se pourroit que moyennant un renversement total de nos loix & de nos coutumes. Voyez l'ouvrage cité de *Mr. Sussmilch & celui de Prémontval sur la
Monogamie.*

„ment & avec exactitude". L'auteur remarque ensuite que la société entr'animaux qui se nourrissent d'herbe, dure moins que celle qui subsiste entre les bêtes de proie, dont la nourriture est plus difficile à obtenir, & demande plus de force, & que c'est la raison pourquoi parmi les bêtes de proie, le mâle assiste plus longtemps sa femelle; mais qu'au reste tous les animaux en général ne quittent leurs petits, que lorsque ceux-ci sont en état de pourvoir à leur propre subsistance. D'où il conclut, que puisque selon cette règle, l'homme & la femme doivent rester ensemble plusieurs années, jusques à ce que leurs enfans soient parvenus à un âge auquel ils puissent se conduire par eux-mêmes, & que pendant qu'ils en élevent un, il en survient de nouveaux, qui les obligent à demeurer plus longtemps ensemble, il paroît que la durée est essentielle à la perfection de l'état du mariage. La nature *a*) même semble nous indiquer que cette union doit durer autant que la vie: elle a réglé les choses de manière que suivant leur cours or-

---

a) On peut encore remarquer sur ce sujet que chez l'espèce d'animaux dont la femelle ne s'en tient pas à un seul mâle, c'est la femelle qui pourvoit seule & sans l'assistance d'un mâle à l'entretien de ses petits: d'où je conclus que l'homme qui est incontestablement appellé par la nature à élever ses enfans, doit, à n'en juger que par les seules lumières de la raison, rester longues années avec sa femme, pour remplir ce devoir d'une manière satisfaisante, & qui réponde aux vues que Dieu a sur le genre humain.

dinaire, il n'y a depuis le temps du dernier enfant que l'on eſt en état d'avoir juſqu'à la mort, que le terme néceſſaire pour ſon éducation. D'ailleurs ne riſqueroit-on pas trop d'entreprendre alors une nouvelle carrière avec une perſonne inconnue ? Et comme le but du mariage eſt auſſi de ſe ſecourir mutuellement, ne doit-on pas naturellement s'attendre à des ſecours plus efficaces, de la part d'une perſonne avec laquelle on eſt accoutumé, que l'on connoît, & ſur les ſentimens de laquelle on peut compter, pourvu qu'on ſe ſoit appliqué à ſe concilier par de bonnes manières ſon eſtime & ſon affection.

94.

Si vous voulez entretenir l'amitié & l'union dans votre mariage, faites attention aux bonnes qualités de la perſonne qui vous eſt échue en partage: connoiſſez les avantages que vous avez dans cet état ſur les autres: prévenez vous par mille témoignages de tendreſſe & d'eſtime; & défaites vous de tout ce qui pourroit vous déplaire réciproquement.

CHAPITRE III.
De la ſociété entre les pères & les mères & leurs enfans, & de l'éducation.

95.

L'éducation des enfans n'influe a) pas ſeulement ſur le bonheur ou ſur le malheur des par-

---
a) *Cicero in Verrem.* & Juvenal. *Sat. XIV.* dit:

ticuliers: elle est encore essentielle au bien de l'Etat qui souffre extrêmement de la négligence qu'on y apporte.

96.

Les pères *a*) & les mères sont désignés par la nature pour élever leurs enfans. Qui peut mieux pourvoir à leurs besoins & à leur éducation que ceux qui les chérissent tendrement? L'obligation où sont les enfans de reconnoître le pouvoir paternel vient donc de celle que la loi de la nature impose à la mère, aussi bien qu'au père, lesquels sont tenus l'un & l'autre de les nourrir *b*) & de les élever: de sorte que quoique

Gratum est quod patriæ civem populoque dedisti,
Si facis ut patriæ sit idoneus, utilis agris,
Utilis & bellorum & pacis rebus agendis.
Plurimum enim intererit quibus artibus, & quibus hunc tu
Moribus instituas.

a) „Je veux qu'un père soit le précepteur de son fils …
„qu'il soit toujours maître en chef, inspecteur & surinten-
„dant; & que les gouverneurs à gages ne soient jamais que
„ses adjoints ou ses seconds. *Mr. Toussaint.* L'Emile de
„*Mr. Rousseau* est très instructif sur cet article.

b) Quelques moralistes insistent fortement, & avec raison, sur l'obligation où sont les mères de nourrir elles-mêmes leurs enfans, comme y étant appellées par la nature, & par l'affection qu'elles leur portent. Ils exposent divers inconvéniens qui résultent de la pratique de leur donner des nourrices étrangères, dont ils sucent les inclinations vicieuses avec le lait. Une femme vertueuse, & qui n'a pas donné dans la fadaise, ne manque plus de nourrir elle-même son enfant, lorsque l'état de sa santé ne s'y oppose pas. Voyez les Mœurs de *Mr. Toussaint*, p. 300. & le rapport des enfans qui meurent au sein de leur mère à ceux qui meurent en nourrice, *dans la rem. sur l'art.* 64.

les loix civiles n'accordent le pouvoir paternel qu'au père, il y a cependant divers droits & effets, qui regardent également la mère, comme une suite de l'obligation naturelle où sont les enfans de se soumettre à son autorité.

97.

La jeunesse susceptible des impressions les plus vives & les plus profondes, prend aisément de mauvaises habitudes qui corrompent la pureté des mœurs, & laissent l'esprit dans une crasse & funeste ignorance. Quand une fois on s'est adonné à la paresse & au vice, on n'en revient presque plus. On se précipite dans des égaremens continuels, & l'on devient à charge à la société, bien loin de lui être utile. Tels étant les effets immanquables d'une mauvaise éducation, les pères & les mères qui ont à cœur le bonheur de leurs enfans, doivent mettre à profit leurs premières années, & leur faire contracter de bonnes habitudes, pour leur faciliter la pratique de la vertu & l'observation de tous leurs devoirs.

98.

Veut-on que les pères & les mères réussissent dans l'éducation de leurs enfans ? il est nécessaire de leur accorder une autorité suffisante, & capable de les tenir dans le respect & dans l'obéissance ? Ils peuvent employer les châtimens & les récompenses dans cette vue, jusqu'à ce que les enfans soient assez éclairés & entendus pour se gouverner par eux-mêmes. Voilà le fondement du pouvoir & de l'autorité paternelle. *a)*

99.

Dans quelque condition que l'on se trouve, & à quelque emploi qu'on soit destiné, il est avantageux d'avoir des idées claires & distinctes, de juger sainement des choses, & de raisonner juste. „Ce sont deux hommes, *dit l'abbé de* „*St. Pierre*, qu'un homme qui a le double d'in-„dustrie:" avantage qu'on ne peut obtenir qu'en cultivant son entendement. Si l'on étoit plus attentif qu'on ne l'est pour l'ordinaire aux sens que les enfans attachent aux mots, & aux choses qu'ils entendent ou qu'ils apprennent, on les garantiroit de bien des erreurs, & leur esprit en deviendroit plus judicieux.

100.

L'étude des beaux arts & des sciences *b)* est très utile à l'homme, aussi bien qu'à la société. Elle élève l'esprit à la connoissance des vérités les plus sublimes, elle le guérit de mille préju-

---

a) Quoique suivant le droit naturel l'autorité des pères & des mères sur leurs enfans cesse, dès qu'ils peuvent se gouverner eux-mêmes; cependant suivant ce même droit l'amour, le respect, la reconnoissance, les égards des enfans, ne doivent finir qu'avec la vie.

b) „Les lettres forment la jeunesse, & sont le charme de „l'âge avancé. La prospérité en est plus brillante, l'adver-„sité en reçoit des consolations; & dans nos maisons & dans „celles des autres, dans les voyages & dans la solitude, en „tout temps & en tous lieux, elles font la douceur de notre „vie. *Cic. Orat. pro Archia Poëta.*

gés, donne de la justesse à ses raisonnemens, & le rend capable de faire plusieurs découvertes utiles, d'embrasser divers états, & sur tout d'entrer dans le maniement des affaires. Enfin cette étude l'occupe agréablement, & le retire par là de l'oisiveté & du libertinage.

101.

C'est par le cœur que l'homme est principalement heureux ou malheureux. Il s'agit donc de former de bonne heure ce cœur à la vertu, & d'en diriger dès l'enfance tous les mouvemens vers le bien.

102.

Vous proposez-vous donc, pères & mères, de contribuer autant que vous pouvez au bonheur de vos familles & de l'Etat? donnez à vos enfans une bonne éducation. C'est le plus riche présent que vous puissiez leur faire. N'épargnez rien dans cette vue. Quelle dépense pourriez vous faire plus à propos que celle là? Avez vous assez de bien pour leur donner un gouverneur, ou une gouvernante? ne négligez rien de ce qui peut vous assurer de la bonté de votre choix *a*): tout

---

a) On choisit souvent pour gouverneurs des pédans mieux instruits de ce qui se passoit dans le monde, il y a des milliers d'années, que des mœurs du temps présent. Ils ont beaucoup lu; mais ils n'ont rien vu, & connoissent peu les hommes de nos jours. Conduits par de pareils guides les jeunes gens courent risque de s'égarer avec eux. D'ailleurs plusieurs grands payent mieux un cuisinier qu'un gouverneur. Comment trouveroient-ils un homme de poids, éclairé &

le succès de l'éducation en dépend; jugez par là de son importance.

103.

Que vos enfans, dès leurs premières années, soient préparés à recevoir avec docilité les avis de ceux qui auront soin de leur instruction; qu'ils sachent encore mieux obéir à la raison que commander; qu'ils ne pensent pas pouvoir obtenir quelque chose par des pleurs ou par des importunités; qu'il ne leur soit pas permis d'être fantasques, impérieux, & de voler de désirs en désirs; mais aussi ne les contrariez pas mal à propos: procurez-leur des amusemens innocens, & tâchez de les prévenir dans leurs besoins réels, & d'y pourvoir à temps. Accoûtumez-les insensiblement & avec douceur à se passer des choses qu'ils désirent avec trop d'ardeur. Un homme qui ne peut souffrir la contradiction, & ne sait pas modérer ses désirs, est malheureux durant toute sa vie.

capable d'inspirer de bons sentimens à leurs enfans, & d'en faire de bons citoyens? mais sont ils assez heureux pour en rencontrer de cet ordre? ils osent le traiter avec mépris, & le regarder tout au plus que comme le premier des domestiques. Que peut un gouverneur sur des enfans, qui en conçoivent aisément la même idée? Et si le choix est mauvais, & que le gouverneur soit vicieux, s'il agit par humeur, quel exemple! „Les enfans sont plus clairvoyans, & pénètrent „mieux qu'on ne pense les défauts de leurs gouverneurs, & „c'est celui (*de l'humeur*) qui les révolte le plus. En effet „celui qui n'est pas capable de se commander, n'est pas fait „pour les conduire. *Lettres sur l'Education des Princes, par* M. *de Fontenoy.*

104.

La pente que nous avons à l'imitation, rend les mauvais exemples très contagieux: n'offrez donc aux jeunes gens que de bons modèles [a]. Montrez-vous toujours raisonnables dans toutes vos actions: qu'ils soient persuadés que vous les aimez, & que vous n'exigez d'eux que ce qui est nécessaire & convenable. Que tout ce qu'on leur dit fasse naître en eux l'amour de la vérité,

---

[a] „Il ne faut rien faire voir, ni rien faire entendre aux „enfans que ce qu'ils peuvent imiter, c'est-à-dire, rien „qui ne les conduise à la vertu. *Platon.*

„Comment l'esprit d'un jeune homme ne se corromproit-„il pas dans la compagnie de ceux qui disent que la pudeur „est une sottise, & la tempérance une lâcheté, qui appellent „la retenue & la modestie rusticité, & qui au contraire don-„nent le nom de magnificence au libertinage & à la prodi-„galité; chez qui la pétulance & l'impudence passent pour „des marques de courage & de bonne éducation? *le même.*
Il y a du danger même dans des compagnies qui paroissent les plus innocentes. La plupart des jeunes gens, & quelque-fois aussi des personnes d'un âge mur, se permettent dans les festins & dans les parties de plaisirs auxquelles il n'y a d'ailleurs rien à redire, des cris immoderés & des joies folles qui font une véritable ivresse, capable de leur faire perdre de vue les devoirs les plus essentiels.

J'ai lu quelque part des réflexions très solides sur l'usage peu raisonnable, où l'on est, de faire apprendre par cœur, indifféremment, toutes sortes de fables, même de la Fontaine, à des enfans, qui n'en sentent pas le but, & peuvent aisément se remplir l'esprit de préjugés dangereux & de fausses maximes.

Rien ne donne plus de force aux conseils, & ne rend les corrections plus supportables que la persuasion d'être aimé, *Mr. de Fontenay. Lettres sur l'Education des Princes.*

& le goût pour la vertu: qu'ils ne fréquentent donc que des hommes vertueux, dont le bon exemple les porte au bien. Quelle n'est pas l'imbécillité des pères & des mères qui permettent à leurs enfans, sans aucune précaution, de fréquenter un monde corrompu & corrupteur, capable de gâter les mœurs les plus innocentes?

105.

Rien ne nous fait faire plus de fautes que la présomption, l'indiscrétion & l'avarice: précautionnez donc vos enfans contre ces vices le plutôt que vous pourrez.

106.

Prévalez-vous de la curiosité qui est naturelle aux enfans pour les instruire; mais que vos instructions n'ayent rien de rude ni d'ennuyeux: des leçons & des remontrances perpétuelles, faites d'un air réfrogné, rebutent, & font perdre tout le fruit qu'on esperoit d'en retirer. Facilitez-leur les études, auxquelles il faut qu'ils s'appliquent, & qu'apprendre à lire, à écrire & à chiffrer &c. ne soit pour eux qu'un amusement *a)*.

107.

Gardez-vous bien de leur promettre pour récompense des friandises, & d'autres choses de cette nature. Vous ne feriez par là que leur

―――――

a) „Il faut rendre agréable tout ce qu'on veut enseigner „aux enfans. Rien n'entre par force dans l'esprit, mais tout „sous l'ombre du plaisir: leur étude doit être une manière „de jeu, si on veut la rendre agréable. *Platon.*

inspirer du goût pour des choses dont ils ne doivent faire aucun cas; & il faut une circonspection toute particulière pour les garantir de la gourmandise, de l'envie, de la jalousie & de la vanité.

108.

Leurs corps & leur santé demandent aussi vos soins; que leurs mets soient simples; *a*) que la nourriture aussi bien que le sommeil soient proportionnés à leur âge, en observant qu'un enfant qui croît a besoin de plus de sommeil & de nourriture qu'un autre. Mais généralement qu'ils soient modérés dans le boire & dans le manger: ce qui est le moyen le plus efficace pour conserver la santé, le plus excellent de tous les biens. Ne les gênez pas mal à propos; point de maillot sur tout & de corps, qui sont autant d'entraves tout à fait propres à défigurer les enfans des personnes à leur aise, qui s'opiniâtrent à suivre la coutume, toute contraire qu'elle est à l'expérience: car on voit les gens de la campagne réussir incomparablement mieux, en laissant à leurs enfans la pleine liberté de tous leurs mouvemens. Accoutumez-les à supporter le froid & toutes sortes de temps *b*); qu'ils sachent nager, franchir

---

a) Par exemple, du lait, des légumes, des herbes, du fruit bien mûr, de la farine grillée, & que les viandes soient rôties. &c. *Mr. Rousseau.*

b) „Il est important de les accoutumer à une vie dure; „Il faut joindre l'étude aux exercices du corps. L'étude „sans l'exercice ruine la santé; l'exercice sans l'étude rend „brutal. **Platon.**

des fossés, grimper sur les arbres, *a*) & exécuter mille choses, avec cette facilité propre à les faire échapper aux périls sans nombre, auxquels notre mal adresse & notre délicatesse nous exposent assez souvent. Fortifiez donc leurs sensations & leurs tempéramens par de fréquens exercices, & employez les moyens qui peuvent les rendre robustes, & leur donner de l'agilité & un air aisé & naturel. Il arrive souvent qu'un homme pour avoir été négligé à cet égard dans sa jeunesse, fait tout de mauvaise grace, & qu'il conserve toujours dans ses manières une certaine rusticité qui lui fait tort.

109.

L'oisiveté enfante le vice : faites leur donc apprendre les sciences & les arts qui conviennent à leur condition, & au parti qu'ils doivent prendre un jour. Que votre choix néanmoins soit judicieux, & ne permettez pas qu'on leur fasse perdre le temps à des occupations dont ils ne retireront jamais le moindre avantage. Religion, morale, arithmétique, géométrie, rhétorique,

a) Mais en leur permettant ces sortes d'exercices, prévenez en même temps les accidens fâcheux qui pourroient leur arriver, s'ils faisoient de ces expériences, sans user des précautions que la prudence suggère. Il faut, par exemple, les garantir des coups de soleil, & en général consulter ce que la raison & l'expérience nous enseignent par rapport aux sens, à la mémoire, à l'imagination, & à toutes nos autres facultés, pour ne rien permettre qui puisse les affoiblir.

poëſie, géographie, hiſtoire, & les autres con‑
noiſſances utiles à la ſociété, voilà les principaux
objets dont vous devez les occuper tout en les
amuſant: tâche difficile mais néceſſaire ſi l'on
veut qu'ils réuſſiſſent dans le monde.

110.

Inſpirez leur ſans ceſſe l'amour & la crainte
de Dieu. Ne ſouffrez jamais qu'on faſſe en leur
préſence des railleries qui rejailliſſent ſur ce qui
doit leur être ſacré. Ecartez ſoigneuſement les
images du vice, & les tableaux qui ne peuvent
qu'allumer la convoitiſe, & exciter les paſſions
déréglées *a*). Que leur piété ſoit ſincère, & que
leur religion éclairée, ſolide & ſans ſuperſtition,
ſoit pour eux une ſource inépuiſable de conſo‑
lation, de contentement & de joie.

a) La Cour eſt pour le plus grand nombre de ceux qui
la fréquentent un ſéjour bien dangereux, ſoit pour la con‑
ſcience, ſoit pour le bonheur, qui ne ſe rencontre guères dans
le trouble & dans l'agitation inſéparable de la vie de courti‑
ſan. Quels riſques ne court‑on pas avec des grands vicieux
auxquels on cherche à plaire, & auxquels on ne ſauroit
plaire ſans leur reſſembler? Il eſt donc très néceſſaire de
faire connoître la cour & ſes intrigues à ceux qui par état ne
pourront ſe diſpenſer de la fréquenter, afin qu'ils ſoient ſur
leurs gardes, & ne ſe laiſſent pas prendre au dépourvu. Il
eſt ſur tout néceſſaire que l'étude de la religion & des maxi‑
mes de l'Evangile ſerve à fortifier dans les enfans la probité,
la droiture, la candeur, la modeſtie & l'humilité: vertus eſſen‑
tielles au repos & au bonheur du genre humain & de toute
ſociété, & qui devroient être les objets principaux de l'édu‑
cation tant particulière que publique.

III.

Enfin enseignez à vos enfans à fuir tous les vices *a*), la paresse, l'impureté, la colère, la vengeance, la flatterie, l'envie, & toute basse ja-

a) Je voudrois qu'on entretînt souvent les enfans de ce qui se passe dans le monde, & des précipices dans lesquels tombent tôt ou tard ceux qui se livrent à leurs penchans déréglés. Il faudroit faire envisager à un jeune homme, comment l'avarice est la source de mille injustices; & le convaincre qu'un avare se rend souverainement méprisable, & qu'il est continuellement rongé par les soucis les plus cuisans. Il faudroit lui rendre sensibles les embarras & les tourmens de l'ambitieux, & lui faire remarquer les inimitiés, les querelles, & les catastrophes causées par la médisance & par les rapports. Si son inclination le portoit à l'amour, il faudroit le mettre au fait des excès funestes auxquels cette passion expose ceux qui s'y livrent tête baissée, & sans consulter la raison. Il faudroit qu'il connût tout le tort qu'il fera à l'objet de ses désirs, si c'est une personne, dont la réputation doive être ménagée; & s'il étoit capable de s'attacher à une abandonnée, il faudroit lui faire appercevoir le risque manifeste, qu'il court de se rendre misérable pour le reste de ses jours par la perte de sa santé, de ses biens & de la réputation. L'impudicité & la luxure ne procurent en effet que des plaisirs mêlés & suivis d'amertume: elles dégoûtent d'un travail honnête, font perdre très souvent l'occasion d'un établissement solide, remplissent l'esprit de soucis & d'inquiétudes, exposent à des dissensions qui mettent même la vie en danger, & précipitent enfin ceux qui s'y abandonnent dans un genre de vie dissolue qu'on peut regarder comme la source des plus grands désordres. Enfin si ce jeune homme aimoit trop le jeu, il faudroit lui mettre sous les yeux les dissipations continuelles, les emportemens & la fin souvent tragique de la plupart des joueurs de profession. Les passions vicieuses sont si incompatibles avec notre bonheur qu'un homme d'esprit soutenoit un jour fort judicieusement, qu'il impliquoit contradiction de pouvoir être heureux en les conservant:

lousie. Formez les au contraire à la prudence, à la tempérance, au travail, à la patience, à la justice, à la charité: qu'ils sentent leur foiblesse & leur dépendance; qu'ils soient humbles sans ostentation, modestes sans timidité, économes sans avarice; que leur ambition consiste à surpasser les autres en mérite; qu'ils acquièrent ces qualités aimables nécessaires au commerce de la société; qu'ils soient humains, doux, compatissans, polis, discrets, serviables, bienfaisans, & généreux. En un mot qu'ils ayent de l'horreur pour le vice & de l'amour pour la vertu. On ne parle guères dans les éducations ordinaires de l'amour de la patrie & de l'amour du bien public: cependant rien de plus intéressant pour le bien de l'Etat que d'avoir des sujets qui en soient animés. Mr. de Voltaire fait-il un tableau fidèle des Parisiens quand il dit: „Quel homme dans „Paris est animé de l'amour du bien public? on „joue,

d'où il concluoit, que Dieu même ne pouvoit faire notre félicité tant que nous continuons à nous y abandonner. Ce qui doit nous convaincre de la nécessité de les surmonter dès cette vie, afin de nous rendre capables du bonheur de celle qui est à venir. Rien n'y contribuera d'avantage qu'un examen soigneux de soi-même, & des progrès que l'on fait dans les combats qu'on livre à ses penchans déréglés, & sur tout aux passions dominantes & favorites: examen qu'il faut engager les jeunes gens à réitérer tous les soirs avant que de se livrer au sommeil, comme je l'ai déjà recommandé dans une autre occasion. L'habitude en est d'un grand prix, & produit des fruits en abondance.

„joue, on soupe, on médit, on fait de mau-
„vaises chansons, & on s'endort dans la stupi-
„dité, pour recommencer le lendemain son cer-
„cle de légéreté & d'indifférence"? Combien
de villes pourroient se reconnoître à ce tableau!

112.

L'éducation des garçons est souvent négligée
au préjudice de l'Etat; mais celle des filles l'est
bien d'avantage. Il semble que l'on n'ait en vue
que de fortifier en elles un penchant qui n'est
déjà que trop violent : c'est le désir de plaire.
On les élève dans la mollesse & dans l'ignorance:
on ne les occupe que de soins frivoles qui gâtent
l'esprit, & corrompent le cœur. Passer la moitié
de sa vie devant un miroir, & rafiner sans cesse
sur les moyens d'embellir sa figure, voilà l'emploi que fait une fille mondaine de la plus grande
& de la plus précieuse partie de son temps. Cependant ne sont-ce pas les femmes qui gouvernent presque toujours les hommes, & qui
font du mariage, ou un état des plus délicieux,
ou bien une condition insupportable, remplie de
troubles & d'amertumes continuelles?

113.

Il est donc absolument nécessaire de songer
à l'éducation & à l'instruction des filles. Sans
cesse en butte aux piéges que l'on tend à leur
innocence, elles ont d'autant plus grand besoin
qu'on les affermisse dans la piété, la modestie,
la retenue, la pudeur, qu'elles sont naturelle-

ment tendres, sensibles, & trop reconnoissantes de l'encens qu'on leur donne.

114.

A quelles bienséances *a*) ne sont-elles pas assujetties, si elles veulent conserver leur réputation sans tache? Il leur faut une attention continuelle sur elles-mêmes pour ne point s'oublier.

115.

S'il leur est permis de prendre soin de leur beauté, elles n'en doivent jamais être esclaves. On ne sauroit assez leur en faire connoître le néant & la vanité.

116.

Sans les rendre des précieuses ridicules, il convient d'orner leur esprit des connoissances utiles & nécessaires pour s'acquitter de leurs devoirs. Appellées dans l'état du mariage à élever leurs familles, & à leur donner les premières instructions, quelle honte pour elles de ne savoir souvent ni lire ni écrire! Quel malheur d'ignorer même les premiers principes de la mo-

---

a) Feu Mr. de Kleist n'approuvoit pas, que le beau sexe comprit au nombre de ses exercices celui du cheval. Voici ce qu'il en dit dans le recueil de ses œuvres. T. II. p. 139. In welche Gefahr geräth es nicht, wenn sein Blut durch die heftige und ungewohnte Bewegung in Wallung gebracht wird! ... Ich habe einen verbuhlten jungen Herrn gekannt, der keiner Dame lieber die Aufwartung machte, als wenn sie eben vom Pferde gestiegen war, und er sagte, daß er niemahls glücklicher gewesen, als bey solcher Gelegenheit. Ne pourroit-on pas en dire autant du bal? du moins ne devroient elles pas s'y exposer seules & sans chaperon.

rale & de la religion, & d'être obligées pour les inculquer à leurs enfans de s'en rapporter à des étrangers!

117.

La lecture ouvre l'esprit & le fortifie; pourquoi donc les femmes ne liroient-elles pas? Certains ouvrages d'esprit, *l'histoire* & la *géographie* peuvent donner à leur ame une bonne nourriture. La *poësie*, la *peinture*, la *musique*, avec les précautions nécessaires pour qu'elles n'en abusent pas, peuvent leur procurer d'innocens plaisirs, & les préserver de l'ennui & de l'oisiveté, qui les jettent dans plus d'un égarement. Les ouvrages qu'on leur donne à faire pour les en garantir, ne suffisent pas toujours; & quand on ne retireroit de la lecture que l'avantage de s'occuper à de bonnes choses, il faudroit encourager les femmes à lire.

118.

Les filles ne trouvent pour l'ordinaire leur établissement dans le monde que par le mariage. C'est donc sur tout la conduite qu'elles doivent tenir dans cet état qu'il importe d'avoir en vue dans leur éducation. Une femme doit faire les délices de son époux, & lui être en secours. Quelle circonspection ne faut-il pas pour qu'elle se conserve sa tendresse! Un mari confie à sa femme la conduite de son domestique: c'est elle qui fait les honneurs de la maison, qui administre une grande partie du bien, & qui en doit calculer les revenus pour y proportionner la dépense. Quel discernement, quelle sagesse ne faut-il pas pour entretenir l'ordre & la paix dans sa famille! quelle prudence, quelle économie pour faire les choses honorablement & sans trop de dépense; quelle vigilance, quelle exactitude pour n'être point trompée! Il est nécessaire que les femmes sachent compter; qu'elles se mettent au fait des intérêts de leurs maris; en un mot qu'elles ayent la connoissance de ce qui a du rapport avec le gouvernement d'une famille. Un grand nombre de filles de qualité sont destinées à passer leur vie à la campagne, & on les élève comme si elles devoient faire l'ornement d'une cour. Qu'arrive-t-il? Ignorant parfaitement tout ce qu'il faudroit savoir pour conduire leur ménage, elles sont un fardeau inutile à leurs maris: heureux encore si c'étoit là tout le mal qu'elles leur font: les soins les plus importans sont négligés; le désordre gagne de plus en plus par leur faute; elles l'augmentent encore par leur mondanité & par leur luxe; & bientôt elles entraînent toute la famille dans un fâcheux labyrinthe.

CHAPITRE IV.
De la société entre les maîtres & les domestiques.

119.

La société entre les maîtres & les domestiques a le même but général que les autres sociétés: c'est le bonheur commun de ceux qui la composent. Il faut donc que chacun y contribue de sa part autant qu'il est en son pouvoir, & relativement aux fonctions dont il est chargé dans cette société.

120.

Obligés de passer la plus grande partie de notre vie dans nos maisons, qu'y a-t-il de plus intéressant pour nous que de travailler à y trouver de l'agrément, & d'y en faire trouver à ceux qui vivent avec nous?

121.

La condition des domestiques est déjà bien fâcheuse. Ils sont obligés de servir pour gagner de quoi se nourrir & se vêtir. Quelle cruauté d'empirer leur sort! quelle satisfaction au contraire de pouvoir l'adoucir!

122.

Nos domestiques sont des hommes comme nous: en quoi sommes nous meilleurs qu'eux? Il faudroit les regarder comme des amis infortunés que nous pouvons nous attacher, & qui intéressés à notre conservation partageront nos maux & nos biens. Qu'on entend mal ses intérêts quand on néglige de s'en faire aimer!

123.

Il n'est pas si facile qu'on pense de bien gouverner sa maison. Il faut beaucoup de sagesse pour y entretenir l'ordre & la tranquillité. Il faut du discernement dans le choix des domestiques, de l'intelligence dans les ordres qu'on leur donne, de l'indulgence pour les fautes qu'ils commettent, & de la prudence pour ménager tous les esprits.

124.

Le maître a droit d'exiger de ses domestiques le travail & les services dont il a besoin, conformément aux conventions qu'il a faites avec eux, & qui ne peuvent jamais être contraires aux loix naturelles.

125.

Pour corriger la malice, la paresse & la négligence des domestiques, il convient d'accorder au maître une certaine autorité sur eux. Il doit être en droit de les reprendre, & de les châtier avec modération. Mais dans un Etat bien policé des peines corporelles capables de les blesser, & de les estropier, ne devroient point être permises: c'est trop les exposer aux caprices d'un maître cruel & brutal. Qu'on les chasse de la maison, si l'on a lieu d'être fort mécontent d'eux, après les avoir obligés de réparer le dommage qu'ils ont causé: voilà ce que la loi de la nature ne défend pas. Mais s'ils méritent de plus sévères châtimens, qu'on s'adresse au magistrat pour les faire infliger; & que la justice soit rendue promptement & sans longueurs à celui qui a raison de la réclamer, soit maître, soit domestique.

126.

Les domestiques, en rendant à leurs maîtres le respect & l'obéissance qui leur sont dûs, ont de leur côté droit de prétendre, qu'ils leur payent régulièrement leurs gages, & qu'ils accomplissent avec exactitude toutes les promesses qu'ils leur ont faites, dans l'intention de les récompenser de leurs services: bien entendu que les domestiques ne doivent pas former des prétentions injustes, & contraires à ce que prescrivent les ordonnances pour le bien de la société.

127.

Quelle favorable idée ne conçoit-on pas d'un homme qui est bien réglé dans son domestique; qui paie ses gens ponctuellement, & qui les traite avec douceur? Point de ces airs de hauteur qui révoltent, de ces brusqueries qui choquent & rebutent, de ces caprices qui dégoûtent. Un bon maître est attentif à donner du relâche à ses domestiques, & leur permet d'honnêtes divertissemens: par où il les encourage à retourner au travail avec plaisir. Prudent dans les ordres qu'il leur donne, il ne les charge pas outre mesure; mais il proportionne toujours le travail à leur force & à leur adresse. Sa parole est sacrée, & il accomplit religieusement ses promesses. Sans se familiariser a) trop avec eux, il leur parle avec bonté: il saisit avec empressement les occasions de les instruire, & de leur faire du bien. Il est leur consolateur & leur conseil: s'il les reprend,

───────────

a) „On ne doit point entrer en familiarité avec eux. Le „maître perd par là l'autorité du commandement, & le ser- „viteur en devient moins disposé à obéir. *Platon.*

c'est sans aigreur, sans impatience; & dans toutes les exhortations qu'il leur adresse, il sait leur faire sentir qu'il a moins son service en vue que leur propre intérêt.

128.

Quelle honte pour un maître de retenir les gages de ses domestiques, & de leur manquer de parole; de les maltraiter & de ruiner leur santé, soit en leur imposant des fardeaux qu'ils ne peuvent porter, soit en leur refusant une nourriture suffisante! A quoi lui sert-il de les pousser à bout, si ce n'est à les engager à publier ses ridicules & ses travers, & à le rendre l'objet de la risée ou bien de l'indignation publique?

129.

Il est de l'intérêt des domestiques de s'acquitter fidellement de leurs devoirs, d'être soumis & d'une humeur douce & complaisante, d'obéir avec promptitude & de bon cœur aux ordres de leur maître, de le prévenir autant qu'ils peuvent dans tous ses désirs légitimes, & de le servir toujours avec zèle & avec affection. Ils devroient sur tout se distinguer par ces vertus peu ordinaires aux personnes de leur état, savoir la discrétion & le discernement requis, & ne point divulguer ce qui doit rester caché au public.

Plus ils sont exacts à remplir leurs devoirs, & plus ils peuvent espérer de gagner la bienveillance de leur maître, & de n'avoir rien à redouter de sa part, ou de la justice établie pour réprimer efficacement leur mutinerie: d'ailleurs en servant avec approbation, ils s'assurent une ressource infaillible contre l'indigence: chacun s'empresse d'avoir de bons & de fidèles domestiques. Mais il faudroit que les maîtres fussent plus scrupuleux dans les témoignages qu'ils leur rendent. Il est bien rare que les congés qu'ils leur donnent contiennent la vérité: on craint de la dire, & encore plus de l'écrire. Il faudroit, pour prévenir les abus, que ces congés se donnassent judiciairement, & après avoir affirmé sur son honneur, qu'on accuse vrai. Par là les maîtres aussi bien que les domestiques, seroient tenus en bride, & obligés à plus de réserve les uns envers les autres.

130.

Enfin pour rendre heureuse la société entre les maîtres & les domestiques, il faut qu'ils s'aiment, & se rendent réciproquement de bons offices. Que le maître remarque l'empressement, le zèle, l'affection & l'obéissance du domestique; & que celui-ci fasse attention à la douceur, à la bienveillance, & aux soins généreux de son maître. C'est par là qu'ils peuvent espérer de fortifier & d'assurer l'union & la concorde, qui doivent régner entr'eux.

131.

La maîtresse peut y contribuer beaucoup: elle est la première qui par son exemple doit concilier & conserver à son époux l'autorité, qui lui appartient. Elle ne doit jamais prendre le parti des domestiques, & si elle croit devoir user d'indulgence, il faut qu'elle paroisse plutôt intercéder en leur faveur, qu'exiger de son mari qu'il leur pardonne. Une femme prudente qui a quelque avis à donner à son mari, le fera en particulier, & n'ira pas, par une fierté mal entendue, & une conduite irrégulière, avilir un homme, à qui elle doit tant d'égards, & dont l'abaissement rejaillit sur elle-même. Que la femme ne s'oublie donc jamais, & que le nom seul de l'époux *a*), considéré de toute la famille, serve à la tenir toujours dans le respect & dans la soumission!

132.

Le mari doit de même avoir pour sa femme beaucoup de considération, & ne pas souffrir qu'on manque aux égards qu'on lui doit.

133.

Que le mari & la femme, parfaitement unis, travaillent de concert au bien de leur famille;

---

a) Le mépris pour les ordres du chef de famille entraîne après soi toutes sortes d'inconvéniens. La confusion & le désordre augmentent, les négligences se multiplient, chacun fait le maître, l'humeur du chef s'altère, ses ordres s'en ressentent, il devient injuste envers ceux qui lui sont subordonnés, bientôt le mécontentement est général, personne ne sait plus son devoir, & ne jouit des droits & des douceurs attachées à son état.

qu'ils donnent un bon exemple; & qu'attentifs à tout ce qui se passe chez eux, ils n'y tolèrent aucun désordre. Enfin que chacun s'acquitant de son devoir, & se conduisant honnêtement, y jouisse des avantages qu'il a lieu de se promettre.

134.

Une considération qu'il ne faut pas passer sous silence, c'est qu'il est très dangereux de laisser ses enfans avec les domestiques dont les mœurs sont dépravées. Combien de jeunes gens ont contracté avec des valets & des servantes des inclinations basses & vicieuses! Les pères & les mères ne devroient pas, s'il étoit possible, quitter leurs enfans. Il est beau de voir ce père raisonnable s'entretenir familièrement avec ses enfans, & cette tendre mère participer à leurs innocens plaisirs, pour ne les point abandonner à eux-mêmes, ou bien à des domestiques dont le commerce est souvent si pernicieux.

CHAPITRE V.
De la prudence.

135.

La prudence est une vertu de tous les états: elle est inséparable du bonheur. Sans la prudence les meilleures qualités sont sans effet, & quelquefois même nuisibles. Elle apprend à discerner les temps & les lieux, & à exécuter en toute rencontre ce qu'il faut faire, ou ne pas faire, pour être heureux.

136.

Dans quelque situation que l'homme prudent *a)* se trouve, il emploie les moyens les plus propres à procurer son bien être & à l'accroître. Il est réglé dans toutes ses démarches. Attentif à celles des autres, il observe la route qu'ils prennent pour arriver à leurs fins & il en fait son profit. Témoin des excès, du chagrin & du désespoir auxquels on s'expose en s'abandonnant à ses passions déréglées, il n'a garde de s'y livrer. Il fuit toute occasion où il court risque de nuire à sa santé, ou de troubler sa tranquillité, en dérangeant ses affaires. Sans s'éloigner jamais de la droiture, ni de l'exacte probité, il sait tirer parti des différentes conjonctures. Il proportionne le nombre des arts & des sciences qui doivent faire l'objet de son application, à la

---

a) Les termes de *prudence* & de *prudent* sont pris ici dans un sens fort étendu qui approche beaucoup de celui de *parfait*. C'est aussi dans ce sens que le célèbre Wolff & d'autres moralistes le prennent. Voici ce que dit Démosthene du *négligent* ou de *l'imprudent* dans sa 3eme Olynthienne „Quelque conjoncture aussi que les Dieux favorables „envoient, *le négligent* qui ne la ménage pas, ne leur en „tient aucun compte, & la même *imprudence* qui fait des „malheureux, fait des ingrats.
„Je dis une condescendance *honnête*. Car déférer lâche„ment à la volonté d'autrui, quoique criminelle, ce seroit „être plutôt complice que complaisant. *Mr. Toussaint.*

capacité qu'il reconnoît en lui, & aux circonstances dans lesquelles il se rencontre. Dans le choix d'un état il a égard à ses talens, & à ce que la bienséance exige de lui : il prévoit les inconvéniens d'un parti qu'un trop grand nombre de personnes embrasse, ou qui engage à de trop fortes dépenses. Il connoît l'importance d'une sage économie, & il calcule exactement sa recette & sa dépense, balançant l'une par l'autre, pour ne point borner mal à propos la dernière, ni l'étendre au delà de ses revenus. Il tâche, même d'avoir toujours quelque chose en réserve pour les besoins imprévus. Toujours conduit par la raison, ses mesures sont bien réfléchies, & il n'y entre ni entêtement ni passion. Il prévoit les malheurs, & y pourvoit à temps & avec sagesse. Il ne rejette pas les petits profits, qu'il peut faire avec bienséance & sans avarice. Il songe à tous les moyens de subsister honnêtement avec sa famille; mais il ne forme jamais de ces entreprises, où il courroit risque d'échouer, ou de porter atteinte à sa réputation. Il entretient dans sa famille, & dans son domestique, tant par ses exhortations que par son exemple, la paix & la crainte de Dieu. Quoiqu'il ne se familiarise pas avec ceux qui sont à son service, il leur fait un sort heureux par sa douceur, & par des traitemens qui témoignent de son humanité & de sa bienfaisance. Sentant le besoin qu'il a du secours des autres hommes, il cherche à mériter leur affection par toutes sortes de voies honnêtes & permises. Il n'ignore pas combien le cœur humain est sensible à l'estime & à la louange, & qu'il est appellé à donner aux autres hommes des preuves de son amour & de son estime. Aussi les prévient-il par mille bons offices. La politesse assaisonne tout ce qu'il dit & tout ce qu'il fait: sa bouche ne profère jamais rien d'offensant: jamais de ces tons arrogans & impérieux qui choquent & révoltent l'amour propre. Quoiqu'incapable de faire des bassesses, & d'avoir une lâche complaisance pour qui que ce soit, il sait condescendre au goût & à l'humeur des autres. Il gagne les cœurs par un air affable & doux envers tout le monde; par les égards & les ménagemens convenables à l'âge, au sexe & à la condition; par des discours sensés, & par une application continuelle à son devoir. Il ne parle que rarement de lui-même, & lorsqu'il est obligé de le faire, les termes qu'il emploie prouvent son bon caractère & sa modestie. Il s'abstient de toute raillerie qui pourroit déplaire: tout discours satyrique, tout ce qui sent la médisance le fait souffrir. Il soutient son sentiment avec beaucoup de modération, & la conversation ne dégénère pas avec lui en disputes désagréables. Il sait garder à propos le silence vis-à-vis de gens d'un esprit opiniâtre. Ses attentions sont générales; & il ne tient pas à lui que tout le monde ne soit content. Si l'on dit quelque chose de spirituel, il possède l'art de faire connoître obligeamment que rien ne lui est échappé. Il ne semble occupé que de la satisfaction des autres, & si l'on commet quelque impolitesse à son égard, on ne remarque pas qu'il s'en apperçoive. Ami des bienséances, il a toujours un air décent dans son maintien, dans ses gestes, dans ses habits, dans son domestique. Sans outrer les modes, il s'y conforme, & il se met toujours convenablement. Persuadé que le tien & le mien sont la source de la plupart des divisions, il ne cherche point son avantage au préjudice de celui des autres, sur tout de ses amis qu'il conserve précieusement. Il connoît trop les charmes & le prix de l'amitié pour rien faire qui la blesse. Par la connoissance qu'il a de ce qui conduit au bonheur, & des vues des autres, il fait en sorte que son intérêt se trouve étroitement lié avec le leur, & qu'ils se portent ainsi avec vivacité à tout ce qui peut favoriser ses intentions & ses desseins. En toute occasion enfin il agit avec circonspection, & avec sagesse; discret lorsqu'il faut se taire, & cédant au temps lorsque cela est nécessaire. C'est ainsi que l'homme prudent en use, & que par une conduite sage, pieuse, & toujours soutenue, il peut se promettre d'éprouver la bénédiction du ciel, & de trouver chez les autres hommes les consolations & les secours dont il a besoin dans mille occurrences.

CHAPITRE VI.
De la société politique, & des diverses formes de gouvernement.

137.

Nous voici parvenus à la société politique. On y distingue d'abord deux ordres de personnes : les unes gouvernent, & les autres sont soumises à l'empire des premières. Les unes & les autres ont divers devoirs à remplir, pour obtenir la fin qu'elles doivent se proposer.

138.

Le but du gouvernement *a)* est de conserver la paix & la tranquillité dans un Etat, & de con-

---

a) Le grand principe de toute société politique, c'est le bien & l'utilité publique, d'où résultent ces deux règles ou maximes générales: *Faites tout ce qui procure le bien & la sûreté publique*, & : *Ne faites jamais rien de ce qui peut s'opposer au salut de l'Etat, & être contraire à sa sûreté.* Quelle attention ne doit-on pas apporter aux suites de ses actions, pour s'assurer qu'on agit en toutes rencontres en bon citoyen, à qui ce grand but de la société est toujours présent à l'esprit!

„La fin d'une bonne politique est de rendre heureux, non „quelques citoyens, mais tous. *Platon.*

„Tous les gouvernemens ont la même fin, qui est le main„tien des loix au dessus de ses citoyens, & les mêmes prin„cipes de subordination, pour obliger les particuliers à leur „obéir. Ils ne diffèrent entr'eux que par les différentes com„binaisons, dont une même chose est susceptible sans changer „de nature; & ils n'approchent plus ou moins du degré de „perfection que la politique se propose, qu'à proportion „qu'ils sont plus ou moins propres à affermir l'empire des loix „sur nos passions. *Parallelle des Romains & des françois. liv. I.*

contribuer au bonheur de tous ceux qui le composent. Comme on ne peut espérer d'y parvenir que par la perfection, il faut que dans tout Etat bien policé on travaille d'un côté à rendre les sujets vertueux & parfaits, en leur accordant tous les secours qui peuvent contribuer à ce dessein; & de l'autre qu'on leur procure la sureté, la tranquillité, avec les avantages & toutes les commodités de la vie qu'ils peuvent raisonnablement demander, chacun suivant sa condition.

139.

Il y a plusieurs formes de gouvernement. *a)* On en remarque en particulier trois dont le mélange peut ensuite extrêmement varier; savoir la *monarchie*, où le pouvoir souverain réside dans un seul; *l'aristocratie* où plusieurs ont ce pouvoir entre les mains, & la *démocratie* où le peuple s'est réservé l'autorité souveraine.

140.

Chaque forme de gouvernement a ses avantages, quand l'administration en est bonne, & ses inconvéniens, quand elle ne l'est pas. Dans le gouvernement *populaire* ou *démocratique* le peuple ne permet pas qu'on le foule: il jouit de la liberté. Dans le gouvernement *aristocratique* le peuple est gouverné d'une manière uniforme:

---

a) Le gouvernement *despotique* n'est proprement qu'une monarchie, où le pouvoir souverain n'est bridé que par la seule loi naturelle.

on ne s'y écarte pas aisément des anciennes maximes, dont le temps & l'expérience ont constaté la bonté & la solidité; & parmi ceux qui participent à l'autorité souveraine il se trouve presque toujours quelque bon citoyen, qui s'oppose aux mauvaises intentions de ceux qui voudroient introduire des nouveautés dangereuses, ou entreprendre quelque chose contre le bien public.

141.

D'un autre côté le peuple est ignorant, capricieux, inconstant & volage: on le voit presque toujours agir avec passion, & se livrer aveuglément aux premières impressions qu'on lui donne. L'esprit de la multitude est-il une fois prévenu? il n'écoute plus ni la justice ni même son propre intérêt. La liberté n'est plus alors cette vraie liberté qui consiste à faire ce que les loix permettent; mais c'est une licence effrénée qui se porte aux excès les plus injustes & les plus funestes.

142.

Le gouvernement *populaire* a) se trouve encore sujet aux défauts de l'*aristocratie*. Cette

---

a) Quelqu'un a comparé l'Etat démocratique à un vaisseau qui a perdu son pilote. Dans le fort de l'orage le matelot le plus ignorant prétend tenir le gouvernail, aussi bien que le plus entendu; & bientôt le vaisseau, agité ça & là par la tempête, va échouer contre les écueils. C'a été souvent l'excès de la liberté qui a obligé les peuples à se choisir un maître.

dernière forme de gouvernement *a)* dégénère presque toujours en ce qu'on appelle *oligarchie,* où règnent les brigues & les factions, l'envie, la jalousie, la défiance & la discorde: souvent on s'oppose aux résolutions les plus sages, chacun voulant l'emporter & faire voir son crédit; on favorise ses proches; on est capable de tout entreprendre pour conserver l'autorité dans sa famille; & le mérite n'est pas pour l'ordinaire le mieux récompensé. D'ailleurs le secret, l'ame des grandes entreprises, y est mal gardé; & la lenteur avec laquelle on y procède à l'exécution des meilleurs projets, les fait presque toujours échouer.

143.

La *monarchie*, sur tout celle où le pouvoir souverain est despotique & sans bornes, est

―――――――
a) „Le gouvernement de plusieurs personnes est toujours „foible, l'autorité étant toujours partagée; mais aussi ne „tombe-t-il pas dans l'excès: c'est pourquoi il est le meil„leur entre les mauvais. *Platon*. Voyez des exemples de la dissension & des autres inconvéniens qui résultent du partage de l'autorité, dans les annales de Tacite L. IV. §. 5. L. I. §. 5. C'est la persuasion de cette vérité qui fit dire au dernier Duc de Bourgogne: *j'aime tant le bien du Royaume de France, que pour un Roi qu'il y a, j'y en voudrois six.* Comines. *l. I c. 8.* Il résulte en particulier de ce que dit l'auteur de *l'Esprit des loix* sur les différentes formes de gouvernement, que son dessein n'a pas été proprement de donner les vrais principes du gouvernement des Etats, mais d'indiquer les ressorts qui le plus souvent font agir les hommes dans les divers gouvernemens, & de rendre raison de plusieurs des loix qui y ont été publiées.

aussi sujette à de funestes abus. Un prince vicieux, ignorant & cruel, qui n'écoute que ses passions, non seulement entraîne son peuple dans ses égaremens, & le précipite avec lui dans un abyme de malheurs; mais le tyrannise encore par des violences & par des exactions continuelles: personne n'est sûr de jouir tranquillement de son bien; toute propriété devient incertaine; chacun tremble, & vit dans l'attente de quelque nouveau malheur.

144.

Cependant chez les peuples civilisés, où l'on a soin de donner une bonne éducation à ceux qui sont destinés à gouverner, & de les instruire soigneusement de leurs devoirs, on ne voit pas les Etats *monarchiques* moins heureux ni moins florissans que les autres.

145.

Le gouvernement *monarchique* a même plusieurs avantages. Il est l'image du gouvernement divin, quand c'est dans les loix que réside l'autorité souveraine; moins exposé aux vicissitudes qui arrivent dans les autres Etats, il est le plus sûr & le plus propre à maintenir les peuples dans l'union & dans la paix; l'administration de la justice y est pour l'ordinaire plus exacte & plus prompte; rien ne l'arrête dans l'exercice du bien; le mérite est mieux reconnu & distingué; & les résolutions tenues secrètes jusqu'au temps auquel elles doivent éclore, y sont pousfées & exécutées avec toute l'activité nécessaire pour les voir réussir.

146.

Si l'on consulte l'histoire sur l'origine des sociétés politiques, on trouvera qu'elles ont commencé par le gouvernement *monarchique*, auquel le gouvernement des familles, par le pouvoir paternel, devoit naturellement amener les hommes. Dans la suite les chefs oubliant le motif & le principe de leur élévation, & abusant cruellement de leur autorité, plusieurs cités profitèrent des occasions qu'elles eurent d'y mettre des bornes, ou de changer la forme du gouvernement.

C'est ainsi que pour prévenir les abus qu'un monarque peut faire de son autorité, on a jugé convenable dans quelques Etats de la limiter *a*).

a) „Il me semble que s'il y a un gouvernement, dont on „pourroit de nos jours proposer la sagesse pour modèle, sans „blâmer les autres, c'est celui de *l'Angleterre*. Là le par„lement est l'arbitre du peuple & du roi, & le roi a tout le „pouvoir de faire du bien, mais il n'en a point de faire du „mal. *Anti-Machiavel*. Le Cardinal de Richelieu esti„moit que le meilleur gouvernement étoit celui dont le prin„cipal mouvement est en l'esprit du souverain, qui bien que „capable d'agir par lui-même a tant de modestie, qu'il ne „fait rien sans bons avis, fondé sur ce principe qu'un œil ne „voit pas si clair que plusieurs. Sully ne pensoit pas fort favo„rablement des parlemens, lorsqu'il dit: quand on prononce „ce mot de *parlement*, on est porté à y attacher l'idée de „l'équité & de la sagesse même. On est fâché de trouver „dans tous ces corps des exemples de conduite si irrégulière „qu'on est obligé de conclure, que l'infaillibilité, si on pou„voit espérer de la rencontrer parmi les hommes, se trouve-

C'est ce qu'ont fait les Anglois, les Suédois &c. chez qui des *parlemens*, ou des *diètes*, sont destinés à entretenir l'harmonie entre les sujets & leur souverain, veillant à ce que les uns demeurent dans les bornes du respect & de la soumission qui sont dûs au monarque, & à ce que les autres fassent un usage légitime de leur pouvoir. Si tous les rois étoient autant de *Tites* & d'*Antonins*, cette précaution seroit assez inutile, & peut-être même nuisible, comme une funeste expérience le prouve même de nos jours.

147.

On demande quelle forme de gouvernement est la plus parfaite *a*)? On peut répondre que

„roit encore plutôt dans un seul homme que dans une mul-
„titude d'hommes. *Mem. de Sulli T. VI. p. 397.* Il n'étoit pas non plus prévenu en faveur des Etats. Voici le tableau qu'il fait de ceux de France. „Ces hommes qu'on
„s'imagine devoir y apporter un esprit plein de sagesse, de
„l'amour du bien public, du zèle dont étoient animés les
„anciens législateurs, ne s'y occupent pour la plupart que
„d'une ridicule montre de luxe, & d'un étalage de mollesse
„qui paroîtroit le comble de l'infamie à des yeux moins pré-
„venus que les nôtres. La désunion des corps qui compo-
„sent ces assemblées, la dissension, l'opposition d'intérêts,
„l'envie de se supplanter, la brigue & la confusion qui achè-
„vent d'en donner une juste idée, naissent de cette source
„impure, aussi bien que de la bassesse avec laquelle on y
„prostitue l'éloquence. *Mémoires de Sully.* Edit. de 1745.

a) *Homère* se déclare pour le gouvernement monarchique. *Lucain.* dit *lib.* II.

Nulla fides regni sociis; omnisque potestas
Impatiens consortis erit.

ce seroit celle, qui en réunissant en soi tous les avantages des différentes espèces de gouvernement, dont on vient de parler, en écarteroit tous les inconvéniens. Mais où la trouver? Quelque parti que l'on prenne, la perversité du

& *Tacite* prétend que pour l'amour de la paix, on doit remettre le pouvoir souverain entre les mains d'un seul.

On peut dire en général que le meilleur gouvernement est celui qui convient le mieux aux mœurs, au génie & au caractère de chaque peuple: mais si dans une monarchie, comme le suppose le célèbre Montesquieu, on ne connoissoit pas l'amour de la patrie, qui pourroit refuser la préférence à la *démocratie* dans laquelle seule on trouveroit un sentiment si précieux? Je ne conçois pas cependant, pourquoi un monarque ne pourroit pas être animé de ce zèle louable de la patrie, & l'inspirer par son exemple à son peuple. Il dépend assurément de lui d'y encourager efficacement ses sujets, en maintenant les loix, les mœurs, & la religion. Ce sentiment est naturel à tous ceux qui aiment l'Etat dont ils sont membres, & qui n'aimeroit pas un Etat où les loix seules régnent, & où chacun jouit de leur protection? Qui n'aimeroit pas un roi qui pourvoiroit à tous nos besoins en vrai pere de famille?

Un poëte allemand dit à l'occasion d'un prince touché des malheurs de la guerre jusqu'à répandre des larmes...

Ein König weint?
Gib ihm die Herrschaft über dich, o Welt!
Dieweil er weinen kan.

Les principes de la vertu sont d'autant plus nécessaires dans une monarchie, que les séductions y sont beaucoup plus grandes que dans les autres formes de gouvernement, & l'on m'avouera, que si l'honneur y est un puissant aiguillon aux belles actions, ce n'est qu'autant qu'il est accompagné de vertu, & que sans elle il est capable de nous porter aux excès les plus atroces & les plus criminels, comme il le fait dans les femmes qui détruisent leur fruit.

cœur humain ne permet pas d'espérer que l'on puisse jamais prévenir tous les abus. Si donc il étoit libre d'opter entre les différentes espèces de gouvernement, il faudroit se déterminer en faveur de celui que l'on trouveroit le moins sujet aux inconvéniens; & l'on peut juger, par ce qui a déjà été rapporté sur cette matière, quelle forme de gouvernement mérite la préférence. Le gouvernement *monarchique* entre les mains d'un honnête homme, qui n'ignore pas que l'intérêt de ses peuples est son premier & son principal intérêt, l'emporte certainement sur tous les autres.

„Ce pouvoir souverain que j'ai vu tour à tour,
„Attirer de ce peuple & la haine & l'amour,
„Qu'on craint en des Etats, & qu'ailleurs on désire,
„Est des gouvernemens le meilleur ou le pire,
Affreux sous un tyran, divin sous un bon roi.
Mr. de Volt. dans *Brutus*. Act. III.

148.

Les voies ordinaires de transmettre la souveraineté dans un état *monarchique* sont la *succession* & *l'élection*. L'expérience prouve souvent que bien loin de tomber sur le sujet le plus digne, l'élection n'est qu'une source de brigues, de troubles & de séditions. D'ailleurs un prince qui voit que sa famille sera exclue du poste qu'il possède, tâche d'en tirer tout le profit qu'il peut pour s'enrichir; & préfère ainsi l'intérêt de ses enfans à celui de l'Etat *a*): au lieu qu'un souverain qui regarde son Etat, comme un bien qui passe à ses enfans, en a les intérêts plus à cœur, & travaille à le leur laisser riche & florissant. On peut ajouter que la naissance illustre, surtout l'assurance de succéder au trône, concilie plus aisément le respect des grands d'un royaume. Ils s'accoutument à se soumettre dès leur plus tendre enfance à ceux qui sont appellés à regner: au lieu que dans un royaume électif ils ont de la peine à recevoir pour leur maître celui qui a été leur égal, ou même leur inférieur.

149.

Il n'est pas douteux que l'incertitude du successeur ne cause des brigues, & ne fomente les factions: elles commencent du vivant même du

---

a) Voyez dans *l'Anti-Machiavel*, à l'occasion de la misère qui règne dans les Etats ecclésiastiques, la raison de cette misère, savoir; que ceux qui les gouvernent ne parviennent que tard au gouvernement, & qu'ayant „peu d'années à „jouir, & des héritiers à enrichir, ils ont rarement la vo-„lonté, & jamais le temps d'exécuter les entreprises longues „& utiles: les grands établissemens, le commerce, tout ce „qui exige des commencemens lents & pénibles, ne sont „point faits pour eux. Ils se regardent comme des passagers „reçus dans une maison d'emprunt; leur trône leur est étran-„ger; il ne l'ont point reçu de leur père; ils ne le laissent „point à leur postérité. Ils ne peuvent avoir ni les senti-„mens d'un roi, père de famille, qui travaille pour les siens, „ni d'un républicain qui immole tout à sa patrie: ou si quel-„qu'un d'eux pense en père du peuple, il meurt avant que „de fertiliser le champ que ses prédécesseurs ont laissé cou-„vrir de ronces & d'épines.

souverain, & à sa mort elles déchirent infailliblement l'Etat. Les peuples qui ont réglé l'ordre de succéder au trône ont donc fait très sagement, d'autant plus que par les soins que l'on prend de l'éducation de ceux qui y sont destinés, on peut prévenir les inconvéniens qu'on auroit eu à craindre de l'incapacité & d'un mauvais caractère. Il en est de même de la régence: il est très avantageux à l'Etat que l'on sache à qui elle doit appartenir en cas de minorité. Lorsqu'il n'y a rien de réglé sur cet article, on y destine soit la douairière, mère du jeune souverain, soit le plus proche agnat. Qui ne voit que le bien de l'Etat exige que dans le gouvernement ils soient assistés d'un certain nombre de conseillers; lesquels pourroient être nommés à la pluralité des voix, soit par les députés des états, ou par l'ancien ministère, après avoir fait prêter aux électeurs le serment de n'avoir aucune acception de personne, mais de choisir uniquement les hommes les plus dignes & les plus propres à une fonction si importante?

CHAPITRE VII.
Du souverain, de ses fonctions & de l'harmonie qui doit régner entre lui & ses sujets.

150.

Quelle noblesse dans les fonctions d'un souverain, & par conséquent quel motif pour acquérir les qualités nécessaires à celui qui souhaite de s'acquitter de ses devoirs! Etre appellé à rendre les hommes sages, vertueux & parfaits! être en état de faire le bonheur de tout un peuple par ses bienfaits & par la sagesse de ses loix! y a-t-il rien au monde de plus glorieux, de plus satisfaisant, de plus délicieux?

151.

Mais en même temps quelles difficultés ne rencontre-t-on pas dans l'exercice du pouvoir souverain! quelle étendue de connoissances & de soins ne faut-il pas pour remplir dignement le trône! affaires du dehors, & du dedans; affaires militaires, ecclésiastiques, civiles, criminelles; affaires des finances, de justice, de police, de commerce & de manufactures &c. Quel vaste champ d'occupations! quelle grandeur de génie, quelles lumières ne faut-il pas pour prendre en toute occasion le parti le plus sage, le plus sûr & le plus prudent! „Quelle charge & quel poids, „dit le cardinal d'Ossat que d'avoir puissance sur „la vie, sur l'honneur & les biens de tant de „milliers d'hommes! quelle prudence, intégrité, „rectitude, doctrine, diligence & solicitude y „est requise! On ne doit pas tenir ces sortes d'offi-„ces pour une occasion & moyen d'être des pre-„miers & des plus honorés dans la vie; mais „pour une très grande & très étroite obligation „(qu'on passe à Dieu & au monde) d'être plus „prudent & sage, plus juste & plus droiturier, „plus docte, & entendu en toutes bonnes choses,

„& plus diligent & plus soigneux, que ceux qui „sont au dessous de vous.

152.

Voici l'idée que je me fais d'un souverain parfait *a)*. Eclairé, juste, bienfaisant, il est l'image & le ministre de Dieu sur la terre. Il ne règne que pour faire aimer & respecter la vertu, & il ne commande que pour le bonheur de ceux qui lui obéissent. Il connoît l'origine de son pouvoir, & les conditions qui y sont attachées. Bien éloigné de vouloir passer ses jours dans les bras de la mollesse & de la volupté, il sait que consacré au bien public l'Etat n'est pas fait pour lui, mais

---

a) „Un prince, si je l'ose dire, est comme le ciel, qui ré-„pand chaque jour sa rosée & ses pluies & qui en a toujours „un fond inépuisable (*Anti-Machiavel*) C'est la justice, qui „doit faire le principal objet d'un prince; c'est donc le bien „des peuples qu'il gouverne, qu'il doit préférer à tout autre „intérêt. *ibidem.* Le souverain, bien loin d'être le maître „absolu des peuples qui sont sous sa domination, n'en est que le „premier magistrat. *ibidem.* Il en est de cette charge, comme „de toutes les autres, les hommes, quelque emploi qu'ils „exercent, n'obtiennent jamais la confiance, s'ils ne sont „justes & éclairés. *ibidem.* Pour gagner l'affection des peu-„ples & des grands, il faut que le prince soit humain & bien-„faisant, & qu'avec ces qualités du coeur on trouve en lui „de la capacité pour s'acquiter des pénibles fonctions de sa „charge. *ibidem.*

„Tout homme qui gouverne, doit se proposer d'être utile, „non à soi, mais à ceux qu'il conduit. *Platon.* Un roi juste & „bon aime mieux régner sur les coeurs que sur les biens & „sur la vie de ses sujets. *Maximes de Louis XI. pour Charles VIII. son fils.* Il est plus glorieux de faire du bien aux hommes, que d'avoir une grande puissance. *Cic. de nat. deor. l. 3.*

qu'il est fait pour l'Etat, & qu'il se doit tout entier à ses sujets. Il n'ignore pas la grandeur de son élévation, mais il en connoît en même temps les écueils. Il ne présume pas, par une vaine confiance en ses lumières, de savoir tout, mais apprenant à se bien connoître, il sent que la puissance souveraine ne l'exempte pas des foiblesses humaines, & qu'il est, comme les autres hommes, sujet à se tromper, & en proie à diverses passions: ce qui le rend circonspect, modeste & docile aux bons avis. Sa puissance ne lui est précieuse qu'autant qu'elle le met en état de maintenir la religion, de récompenser la probité & la vertu, de protéger les sciences & les arts, de procurer l'abondance & la paix, & de faire des heureux *a*). C'est en cela qu'il fait consister sa véritable grandeur, & son plaisir le plus doux. Eloigné du faste & de toute vaine ostentation, il n'est environné de pompe & de splendeur, qu'autant que cela est nécessaire pour faire respecter son autorité. Il ne cherche pas à éblouir par l'appareil, ni à se faire redouter: c'est au cœur, qu'il en veut, c'est l'estime, c'est la confiance, c'est l'amour, qu'il tâche de mériter; bien convaincu que l'on ne peut compter sur des hommages que la crainte seule fait rendre aux puissances. Destiné à conduire les hommes, il s'at-

a) Semblable à Titus il croit avoir perdu une journée, quand il l'a passée sans avoir eu la satisfaction de faire quelque bien.

tache à connoître les moyens les plus efficaces pour les porter à l'observation de leurs devoirs. Il fait une étude particulière des caractères, des talens & du mérite de ceux qu'il a dessein de placer dans les emplois; & dans son choix il est toujours guidé par un sage discernement qui n'a que l'intérêt de l'Etat en vue. Sans être ni crédule, ni défiant, il est sur ses gardes, pour ne point se laisser prévenir. Il pénètre les vues de l'hypocrite, & l'étude qu'il a faite du cœur humain, aussi bien que sa propre expérience, & l'attention qu'il donne à tout ce qui se passe, développent à ses regards les hommes les plus artificieux. La difficulté de se garantir du poison funeste qu'une flatterie *a)* délicate & spirituelle

―――――――――――――――――――――

a) „Un prince qui aura le don de se faire aimer régnera „sur les cœurs, puisque ses sujets trouveront leur propre „avantage à l'avoir pour maître. *Anti-Machiavel.* Chez les „princes vicieux la flatterie est un poison mortel qui multiplie „les semences de leur corruption. Chez les princes de „mérite la flatterie est comme la rouille qui s'attache à leur „gloire, & qui en diminue l'éclat. Un homme d'esprit se „révolte contre la flatterie grossière. il repousse l'adulateur „mal adroit. *ibidem.* . . . La plupart donnent dans la flat„terie qui justifie leur goût, & qui n'est pas tout à fait men„songe: ils ne sauroient avoir de la rigueur pour ceux qui „leur disent un bien d'eux-mêmes, dont ils sont convaincus. „La flatterie qui se fonde sur une base solide est la plus subtile „de toutes: il faut avoir le discernement très fin, pour „appercevoir la nuance qu'elle ajoute à la vérité. *ibidem.* Il y a une sorte d'ennemis à la cour qui sont plus dangereux que les autres, parce qu'ils tâchent de nous perdre en nous louant. *Vie d'Agricola* par Ablancourt.

verse dans les cœurs les plus vertueux, le rend attentif aux pièges qu'on lui tend par ce moyen. Il se précautionne contre ces lâches courtisans, qu'il reconnoît n'avoir pas sa véritable gloire à cœur, & il les éloigne de sa personne avec autant de plaisir, qu'il en trouve à être approché de tous ceux qui ont des lumières, & assez de fermeté & de courage pour lui dire la vérité *a)* avec franchise. Pour parvenir à la connoître il tâche d'acquérir des *b)* amis d'une probité à toute épreuve, qui lui soient dévoués par inclination, & qui

a) Voyez Mr. Moser dans *l'Idée du Prince & de son Ministre* sur le malheur d'un Etat gouverné par un prince, qui veut qu'on lui rende une obéissance aveugle, & combien il est rare en Allemagne, aussi bien que dans d'autres Etats, de trouver des ministres qui lui disent la vérité, au risque de perdre leurs emplois. „On n'aime ordinairement point à „connoître les maux auxquels on n'a pas intention de remé„dier, & les rois, perpétuellement environnés de courti„sans qui ne cherchent à connoître ses dispositions que pour „les applaudir, ne trouvent que trop de flatteurs qui aux dé„pens des souffrances des peuples favorisent cette vaine déli„catesse, & l'attribuent même à l'humanité. *Mem. de Mongon.* T. I. p. 309. bien différent du courtisan, honnête homme, dont l'Abbé Saint Réal dit: „s'il recherche l'estime de son „prince, c'est pour lui être utile, ou pour faire fleurir la re„ligion parmi les sujets, ou pour les défendre de leurs en„nemis, ou pour leur rendre la justice qu'il leur doit.

b) „Il n'est pas défendu à un roi d'avoir des favoris, mais „lorsqu'il en a, il doit bien prendre garde qu'ils n'abusent „de leur faveur, & qu'ils ne deviennent insolens. Combien „de princes se sont perdus par le trop grand attachement „qu'ils avoient pour des personnes indignes! *Maximes de Louis XI. pour Charles VIII. son fils.*

n'aient d'autre défir que celui de fa perfection *a)* & du bien public. Ce n'eft qu'à des perfonnes de ce caractère qu'il donne fa confiance, & quand une fois il a fait une acquifition fi importante, il

„Les princes ne font pas affez fenfibles à l'amitié; il „femble qu'ils n'en fachent pas le prix; que même ils ne la „connoiffent pas. Ils ont néanmoins bien befoin d'avoir des „perfonnes qui s'attachent à eux autant par inclination que „par devoir. *ibidem.*
Un prince qui accorde fon amitié à des perfonnes méprifables l'avilit: elle n'a plus rien de flatteur pour les honnêtes gens. D'ailleurs il nuit par là à fa réputation, & il court rifque, non feulement de fe corrompre avec des hommes dont les mœurs font dépravées, mais encore d'accorder les charges de l'Etat à des gens de leur trempe.

a) On ne fauroit trop admirer Henri IV. dans fa conduite avec Sully. Quelle grandeur d'ame! Quelque piqué qu'il fût contre lui, quand il lui difoit des vérités qui combattoient fes inclinations & fes fentimens, il vouloit pourtant qu'il lui parlât avec franchife. Un jour que Sully craignant de lui déplaire, étoit plus réfervé que de coutume, Henri lui dit: „Quoique je me fâche quelquefois, je veux que vous le fouf- „friez. *Car je ne vous en aime pas moins.* Aucontraire, dès „l'heure que vous ne me contredirez plus dans les chofes que „je fais bien qui ne font pas de votre goût, je croirai que „vous ne m'aimerez plus. Une autre fois il dit en préfence de plufieurs grands, jaloux de la faveur de Sully. „Il y en „a d'affez fots pour croire, que quand je me mets en colère „contre Mr. de Sully, c'eft à bon efcient & pour longtemps. „Mais tout au contraire; car quand je viens à confidérer, qu'il „ne me remontre, ou ne me contredit, que pour mon hon- „neur, ma grandeur, & le bien de mes affaires, je l'en aime „mieux, & fuis impatient de le lui dire. Confucius vouloit qu'on pût dire la vérité aux princes, avec la même liberté qu'on leur découvre les maladies du corps.

il se la conserve précieusement par des manières aimables & gracieuses; & il ne permet pas que l'envie & la jalousie attaquent injustement leur honneur & leur réputation. Il a en abomination tout rapporteur, qui craint la lumière, & qui fait ses rapports en secret, dans l'espérance que l'accès au trône étant fermé à l'innocence, elle pourra plus facilement être opprimée: s'il prête l'oreille à de tels discours, c'est pour les approfondir, & punir le calomniateur. Dans les occasions les plus périlleuses, où tout le monde tremble il conserve son ame tranquille, & ce sang froid admirable si nécessaire pour embrasser le bon parti. Sa magnanimité le fait triompher de la haine, de la vengeance, & de cette excessive sensibilité qu'ont ordinairement les grands pour tout ce qui blesse tant soit peu les égards qu'on leur doit. Exempt de dissimulation & d'artifice, *a)* il est prudent, vigilant & discret. Sin-

a) „Ne considérant simplement que l'intérêt des princes, je „dis que c'est une mauvaise politique de leur part d'être fourbes, „& de duper le monde: ils ne dupent qu'une fois, ce qui leur „fait perdre la confiance de tous les princes. *Anti-Machiavel.*
Pline dans son panégyrique de l'empereur Trajan dit de lui: *Nulla in audiendo difficultas, nulla in respondendo mora; audiuntur statim, dimittuntur statim...* Et voici l'exhortation que Ciceron adresse à son frere: .. *Facillimos esse aditus ad te, patere aures tuas querelis omnium, nullius inopiam ac sollicitudinem, non modo ullo populari accessu ac tribunali, sed ne domo quidem tua & cubiculo exclusam tuo; toto denique in imperio nihil acerbum esse, nil crudele, atque omnia plena clementiæ, mansuetudinis, humanitatis.* Ep. I. ad Q. fratrem.

cère dans ses promesses, il garde inviolablement sa parole, & gagne par là la confiance de ses sujets & des étrangers. Instruit des bienséances *a)* de son état, il ne néglige aucune des qualités qui peuvent lui concilier l'amour & la vénération. Autant qu'il dépend de lui il donne à son air & à son port cette majesté, si propre à imprimer le respect dans l'esprit de ses peuples; & il tâche d'acquérir, outre une connoissance des langues qu'il doit parler, les graces de l'élocution *b)* qui le mettent en état de rendre toujours ses pensées & ses sentimens d'une manière juste, noble & persuasive. Il est généreux, accessible, affable, *c)* humain; s'il refuse, on s'apperçoit que c'est avec regret; s'il accorde c'est de la meil-

a) Il ne convient pas à un roi d'être joueur: Henri IV. se ravaloit quelquefois au jeu. Il n'étoit pas beau joueur; âpre dans le gain, timide dans les grands coups, & de mauvaise humeur dans la perte: ce qui ne pouvoit manquer de porter quelque atteinte à l'estime qu'on avoit pour lui. D'ailleurs le jeu rapproche trop les sujets de leur maître, & les met dans une espèce d'égalité avec lui qui ne lui est pas avantageuse, surtout lorsqu'il ne sait pas supporter les revers avec dignité.

b) „Un prince n'est pas obligé de savoir toutes les finesses „de la grammaire, mais il doit toujours parler avec dignité, „& ne pas ignorer qu'une parole bien dite, & à propos, a pro- „duit souvent de bons effets; & qu'au contraire un mot lâ- „ché au hazard & indiscrettement a coûté quelquefois bien „des larmes & du sang.... Le don de la parole est un grand „don, quand il est accompagné de beaucoup de sens & de ju- „gement, & il est plus nécessaire à un prince qu'à tout autre. *Maximes de Louis XI. pour Charles VIII. son fils.*

c) „Qu'il prenne garde aussi que la facilité avec laquelle „il se communique à ses sujets ne dégénère en une trop

leure grace: on est toujours charmé de lui quoi qu'il fasse. Il est en garde contre ces aversions naturelles auxquelles on se laisse aller quelquefois si mal à propos: s'il a de la haine, ce n'est que pour le vice. Il ne lui arrive jamais d'agir par passion, & d'offenser qui que ce soit. Son goût en toute chose est juste, exquis. Il possède toutes les sciences nécessaires à sa condition; Il a des connoissances suffisantes de la *a*) *philosophie*, des *mathématiques*, de la *jurisprudence*, de *l'art militaire*: mais sa principale étude c'est celle de la *religion*, de la *morale*, de la *politique*, de l'*histoire* & de la *géographie*. C'est surtout par l'étude de l'*histoire* qu'il découvre les sources de l'élévation des empires, & les causes de leur décadence & de leur chute. Il se met de plus en plus au fait des maximes qu'il doit suivre, & de tout ce qui regarde l'art de gouverner les hommes. Appliqué aux grandes choses, il n'entre point dans les petits détails qui ne feroient que

„grande familiarité, & que d'un autre côté un air farouche „& trop sévère ne les rebute. *Maximes de Louis XI. pour Charles VIII. son fils.*

„Comme on juge de ce qui se passe en nous-mêmes par „ce qui paroît au dehors, un prince doit avoir un extérieur „grave, & s'il se peut un air noble & majestueux, & bien „prendre garde de ne rien faire ni dire qui soit contre la „bienséance. *ibidem.*

a) „Une république, seroit fort heureuse, si les philosophes „y régnoient, ou si les rois y étoient philosophes. *Platon.* Ce grand homme auroit assurément ajouté *& bons chrétiens*, s'il avoit connu les excellentes maximes du Christianisme.

le détourner des grands desseins. Il ne se décharge pourtant des affaires de peu d'importance que sur des ministres dont l'intégrité lui est parfaitement connue, & dont il observe soigneusement la conduite, pour les obliger par là à remplir les fonctions de leurs charges avec exactitude. Il connoît le fort & le foible des pays de sa domination, & il est au fait de ses véritables intérêts, de ses revenus & de sa dépense. Dans toutes les occasions on trouve qu'il se conduit par la raison, & qu'il n'a d'autre dessein que de faire régner les loix: aussi ne le voit-on pas changer souvent de système, & perdre la considération & la confiance des puissances par des résolutions qui se ressentent du caprice ou de la légéreté. Enfin il aime Dieu sincérement. Fortement persuadé que la piété est inséparable de la vraie politique, il l'affermit dans son cœur. Convaincu de la vérité de la religion, il la chérit, il la respecte, & par son exemple il la rend respectable à tous ses sujets. C'est en faisant observer les loix divines, qu'il espère de voir observer les siennes, & qu'il a la douce satisfaction de rendre tout son peuple heureux & florissant.

153.

Ceux qui sont revêtus de l'autorité souveraine doivent avoir le pouvoir *a*) de faire tout ce qui est convenable & nécessaire pour le repos

---

a) „Dans les Etats monarchiques héréditaires, il y a „une erreur, qu'on peut aussi appeller héréditaire, c'est que

& le bien de l'Etat qui leur a été confié. Ainsi ils sont autorisés à donner des loix, & à employer, pour les faire observer, les châtimens & les récompenses: ainsi ils sont en droit de juger les différens qui s'élèvent entre leurs sujets, de convoquer les Etats, de conférer les charges, d'entretenir des troupes, de lever des subsides, de faire la guerre & la paix, de conclure des alliances & des traités avec les autres puissances; en un mot de régler & d'ordonner tout ce qui peut tendre à la conservation & au bonheur des peuples qui leur sont soumis: ce qui est le principe & le fondement de l'autorité qui leur est confiée: autorité qu'ils tiennent de Dieu même, puisqu'elle est entièrement conforme aux vues qu'il a sur le genre humain.

154.

Cette autorité, munie d'un pouvoir suffisant pour se faire respecter, & veiller efficacement à l'observation des loix, s'appelle *Majesté*.

155.

La *Majesté* du souverain doit être sacrée: elle vient de Dieu même. Destinée à faire la félicité des peuples, elle est la base & le fonde-

„le souverain est le maître de la vie & des biens de tous ses „sujets, & que moyennant ces quatre mots: *Tel est notre „plaisir*, il est dispensé de faire connoître les raisons de sa „conduite, & même d'en avoir. Quand cela seroit, y a-t-il „une imprudence pareille à celle de se faire haïr de ceux „auxquels on est obligé de confier à chaque instant sa vie. *Mem. de Sully. Edit. de 1745.*

ment de toute société politique. On ne sauroit permettre qu'on porte atteinte au respect & à l'obéissance qui sont dus au souverain, sans rendre son autorité inutile, & s'opposer par là aux salutaires effets qu'elle doit produire.

156.

Un souverain doit maintenir son autorité & ses droits, contre les étrangers aussi bien que contre ses sujets.

157.

Les sujets manquent *a*) à ce qu'ils doivent à leur souverain, lorsqu'ils lui parlent ou lui écrivent dans des termes peu respectueux; qu'ils témoignent du mépris pour ses ordonnances, & refusent de s'y soumettre *b*); qu'ils abusent du crédit que leur donnent leurs emplois; enfin

---

a) Si chacun voyoit, comme il le doit, sa conservation particulière & son bien-être dans la conservation & le bienêtre du souverain & de l'Etat, on s'intéresseroit plus qu'on ne fait au bien public. On auroit surtout pour le souverain plus d'égards dans les discours qu'on en tient quelquefois de la manière du monde la plus inconsidérée. Il est à l'Etat ce qu'est l'ame au corps. L'ame ne sauroit être dans la souffrance que le corps ne s'en ressente: le lien qui les unit est indissoluble, & quiconque s'efforce de rompre ce lien, Monarque ou sujet, travaille à sa perte, & rend les uns & les autres malheureux.

b) „A l'égard des sujets la première loi que la religion „comme la raison & la nature leur imposent, est sans cré„dit l'obéissance. Ils doivent respecter, honorer, craindre „leurs princes, comme l'image même du souverain maître, „qui semble avoir voulu se rendre visible par eux sur la terre, „comme il l'est au ciel par ces brillans chef-d'oeuvres de lu-

lorsque par leurs discours, ou par leurs écrits, ils cherchent à le ravaler, ou que même ils vont jusques à déroger à ses droits & à ceux de la couronne.

158.

Les puissances étrangères & leurs sujets peuvent blesser la majesté d'un souverain, en refusant à ses ambassadeurs & à ses autres ministres les honneurs & les prérogatives qui leur appartiennent; en parlant de lui d'une façon méprisante; & en faisant des démarches contraires à ses droits & à sa dignité.

159.

Un souverain qui veut devenir respectable, & engager tout le monde à lui rendre les hommages qui lui sont dûs, persuade par sa conduite à ses sujets qu'il tient sur la terre la place de Dieu, & il se montre digne de la remplir. Il est intimement convaincu que le plus grand héroïsme consiste à se vaincre soi-même: cependant il ne laisse pas impunis ceux qui de propos délibéré

„mière. Ils leur doivent encore ce sentiment par un motif „de reconnoissance, de la tranquilité & des biens dont ils „jouissent à l'abri du nom royal. Au malheur d'avoir un roi „injuste, ambitieux, violent, ils n'ont qu'un seul remède à „opposer, celui de l'appaiser par leurs soumissions, & de flé„chir Dieu par leurs prières. *Mémoires de Sully.* N. Ed. „de 1745.

Suivant Platon, il n'y a rien de plus criminel, ni de plus honteux, que de désobéir à ce qui est au dessus de nous, soit Dieu, soit homme.

blessent la Majesté, soit dans sa personne, soit dans celle de ses ministres, quand l'intérêt de l'Etat l'exige, & qu'il ne pourroit sans s'avilir passer l'injure sous silence : mais il agit toujours sans passion *a*). Il ne permet pas non plus qu'on tienne des discours peu respectueux de ses ancêtres, & il châtie sévèrement ceux qui attaquent l'honneur & la réputation des autres souverains. Il paroît toujours avec un air décent, & il ne fait jamais rien en public qui détruise l'idée que l'on a de sa grandeur. Sans faire son tout de la pompe & de la magnificence, il ne la néglige pas entièrement, parce qu'il n'ignore pas qu'elle est nécessaire pour conduire la multitude, & que la plupart ne jugent de la grandeur d'un souverain que par l'éclat qui l'environne. Il ne fait pas sentir sa supériorité à ceux qui l'approchent ; mais aussi ne leur donne-t-il pas lieu de prendre trop de familiarité avec lui. Il saisit quelquefois l'occasion de convaincre ses sujets, qu'ils tiennent de lui leurs emplois & leur conservation ; & que c'est par la protection qu'il leur

---

a) „Dans les affaires d'Etat, il faut compter les ressentimens pour rien & les vrais intérêts pour tout. Car les „ressentimens sont des maux qui s'évanouissent en peu de „temps ; ... Ces petites picoteries personnelles sont de vraies „petitesses de particuliers, vrais procédés d'enfans. Le prince „sage & vertueux doit agir indépendamment de la conduite „bizarre & folle des princes ses voisins, & aller toujours d'un „pas égal aux solides intérêts de la nation, en faisant semblant de ne pas s'appercevoir des extravagances des autres. *L'Abbé de St. Pierre.*

accorde, qu'ils jouiſſent d'une heureuſe tranquillité. Il les porte par toutes ſortes de voies à s'acquiter religieuſement du ſerment de fidélité qu'ils ont prêté. Il eſt ſur ſes gardes contre des miniſtres capables d'abuſer de ſon nom, d'exercer des violences, & de s'emparer des honneurs & du pouvoir qui lui appartiennent. Il ne confie l'adminiſtration des affaires qu'à des gens de probité, entendus, éclairés, & il n'emploie jamais des perſonnes indignes, qui aviliſſent les charges dont on les honore. Il voudroit convaincre toute la terre de la ſageſſe de ſes délibérations, comme auſſi de la fermeté avec laquelle il les exécute. Il ne cède pas mal à propos les droits de ſa couronne, & il ne ſouffre pas que l'on manque dans les choſes eſſentielles au cérémonial qui convient à ſa perſonne, ou à ceux qu'il a nommés pour la répréſenter. Enfin pour être en état de repouſſer les injures & les hoſtilités, il a un riche tréſor, de bonnes foreteſſes, des troupes aguerries & bien diſciplinées, d'habiles généraux, des arſenaux bien pourvûs de toutes ſortes d'armes & de munitions de guerre, des magaſins remplis de proviſions de toute eſpèce, & de puiſſantes alliances. S'il eſt en défaut à quelqu'un de ces égards, il a la prudence de le cacher *a*) au public, ſachant

a) „Un habile miniſtre de France ſoutenoit que rien n'eſt „plus indiſpenſable à un Etat que la réputation, dont la di„minution, quelque légère qu'elle ſoit, peut être un achémi„nement & une diſpoſition funeſte à ſa chute.

bien que l'opinion que l'on a de la puissance d'un Etat, lui est souvent aussi avantageuse que la puissance même.

160.

Comme l'expérience prouve assez généralement que plus le peuple voit son souverain & ses ministres, & moins il les respecte, il est de la majesté d'un monarque, & de la dignité de ses ministres, de n'être pas continuellement & sans nécessité exposés à la vue du public *a*). Voilà pourquoi la plupart des souverains ne font pas leur séjour ordinaire dans leurs capitales, mais dans quelque chateau ou ville assez voisine, pour ne pas nuire à la prompte expédition des affaires de la capitale, où résident ses ministres & les principaux tribunaux & départemens de l'Etat. La vue fréquente du souverain est surtout préjudiciable à ceux qui n'étant pas maîtres d'eux mêmes, se laissent aller à mille mouvemens peu propres à leur concilier l'amour & le respect de leurs peuples: ce qui n'est pas applicable aux princes dont la douceur de caractere ne peut, en se montrant, qu'augmenter l'amour & la vénération de leurs sujets & des étrangers.

a) „Le fondement du bonheur de l'Etat, c'est la tran„quilité; le fondement de la tranquilité c'est l'obéissance ex„acte; le fondement de l'obéissance exacte & prompte, c'est le „respect; un des fondemens du respect c'est la non-familiarité; „& la non-familiarité vient de l'éloignement. *L'Abbé de St. Pierre.*

161.

Non seulement le souverain se fait rendre hommage par les sujets, & prêter le serment de fidélité *a)* par tous les ordres de l'Etat; mais on a encore coutume dans la plupart des royaumes d'y ajouter la cérémonie du couronnement qui se fait avec pompe & avec éclat, pour imprimer dans tous les cœurs un profond respect pour leur monarque: cependant on ne doit pas en conclure que c'est par le sacre qu'il acquiert l'autorité dont il est revêtu. Car dans les royaumes successifs le prince la tient de sa naissance. D'un autre côté rien de plus édifiant que les engagemens qu'il prend solemnellement, en invoquant le nom de Dieu, de régner pour faire le bonheur de ses sujets. Rien de plus propre à lui rendre sensible l'importance de ses devoirs. Rien enfin de plus convenable dans un Etat, où les sujets seroient si fort prévenus en faveur du couronnement, qu'ils ne croiroient pas être tenus à l'obéissance, si l'on manquoit à la cérémonie du sacre.

162.

Il y a encore une *majesté de l'empire* ou de *l'Etat*, qui consiste dans la forme de son gou-

―――――――

a) La persuasion de l'existence de Dieu, & de sa providence, accompagnée de la crainte de ses châtimens, est pour retenir les hommes dans le devoir un frein nécessaire, qui fait la plus vive impression sur l'esprit. On ne sauroit donc rien faire ni écrire qui affoiblisse la persuasion de ces grandes vérités, sans agir contre les vrais intérêts du souverain, & de l'Etat dont il est le soutien.

vernement. On maintient cette majesté de l'Etat, en conservant sa constitution & ses loix fondamentales *a*), & en s'opposant avec vigueur à tous ceux qui veulent, ou les altérer, ou même les renverser.

163.

Rien n'affermit d'avantage le repos & la tranquillité intérieure d'un Etat qu'une sage & constante harmonie entre le peuple & son souverain. Qu'il est beau de voir les uns & les autres se donner de mutuels témoignages de tendresse & d'amour!

164.

Le peuple contribue à cette harmonie par une prompte obéissance *b*) aux ordres de son souverain; par des dons gratuits qu'il lui fait

---

a) Les loix fondamentales d'un Etat règlent la forme de son gouvernement, & prescrivent ce qui est nécessaire à son maintien. On n'indique ici que les maximes générales qui doivent être observées par tout bon gouvernement; dont l'application ne peut se faire à tel ou tel Etat, qu'en recourant en même temps à ses loix fondamentales.

b) Les sujets sont obligés d'obéir au souverain, quoiqu'ils n'apperçoivent pas toujours l'avantage qui revient à l'Etat, de l'exécution de ses ordres. Et cela parce qu'ils n'en sont pas les juges compétens, & qu'il ne leur est pas même possible, de savoir en toutes rencontres combien leur obéissance importe au bonheur de l'Etat, dont il connoît mieux l'ensemble & les secrets ressorts, mais comme la conviction d'une bonne action nous la fait exécuter avec ardeur, un souverain ne sauroit mieux faire que de convaincre les citoyens, toutes les fois qu'il le peut, de la justice des ordres qu'il donne & de leur utilité.

avec plaisir dans des occasions de mariages, &
autres; par les subventions & le payement exact
des subsides; & par mille démonstrations de
joie & d'affection dans les tems de réjouissance
publique.

165.

Le prince de son côté s'acquiert le cœur de ses
sujets *a*), en ne se montrant leur souverain que
pour les défendre, les protéger, & veiller à
leur bonheur: son visage affable les réjouit & ses
regards dissipent leurs peines (*Proverb.*). Il fonde

---

a) „Quand même le crime pourroit se commettre avec
„sécurité, quand même le tyran ne craindroit pas une mort
„tragique, il sera également malheureux de se voir l'oppro-
„bre du genre humain. Il ne pourra point étouffer ce té-
„moignage intérieur de la conscience qui dépose contre lui.
„Supplice réel, supplice insupportable qu'il porte toujours
„dans son coeur. Non, il n'est point dans la nature de notre
„être qu'un scélérat soit heureux. *Anti-Machiavel....* Auguste
„ne fut paisible que quand il fut vertueux. *ibidem.*

„Le pays le plus heureux est celui où une indulgence mu-
„tuelle du souverain & des sujets répandroit sur la société
„cette douceur, sans laquelle la vie est un poids qui devient
„à charge, & le monde une vallée d'amertumes. *ibidem.*

„Je voudrois encore que le prince songeât à rendre son
„peuple heureux. Un peuple content ne songera pas à
„se révolter; un peuple heureux craint plus de perdre son
„prince qui est en même temps son bienfaiteur, que ce sou-
„verain même ne peut appréhender pour la diminution de
„sa puissance. *ibidem.*

Mr. Gordon dit de la Reine Elisabeth, qu'elle ne manqua
jamais de parole à ses sujets, qu'elle ne les trompa jamais....
qu'elle, son peuple, & son Parlement, se disputoient à qui auroit plus de confiance & de zèle réciproquement. *Disc.
histor. sur Tacite.*

ses loix sur l'équité, & il les appuie de bonnes raisons. Il dispense au mérite les dignités & les emplois. Il vaque avec soin à tous ses devoirs, & dans toutes ses actions il manifeste son bon naturel, & il donne à connoître qu'il se regarde comme *l'homme de son peuple*: toute sa vie est un modèle de vertu. S'il est obligé de mettre des impôts sur ses sujets, il est le premier à y contribuer de ses deniers particuliers & domestiques, & il prouve en toute occasion, qu'il préfère les intérêts de l'Etat aux siens propres.

CHAPITRE VIII.
De la maison du souverain.

166.

Pour soutenir la splendeur qui doit accompagner la majesté du souverain, il a été nécessaire de lui assigner des revenus, qui le missent en état d'entretenir sa maison, avec la dignité qui convient à son élévation & à son auguste caractère.

167.

Un prince ne doit pas confondre ses revenus particuliers & domestiques avec ceux de l'Etat. Il peut disposer des premiers à son gré, & donner quelque chose à son goût; mais à l'égard des deniers publics destinés à acquiter les charges de l'Etat, à payer ceux qui sont employés pour le maintenir en paix, à entretenir les fortifications, les ports, les pavés, les chemins &c. il ne peut les détourner à d'autres usages que celui du bien public : s'il les faisoit servir à ses plaisirs il abuseroit de son pouvoir *a*).

168.

On auroit quelque raison d'augurer mal du gouvernement d'un prince qui ne sauroit pas seulement régler sa maison. Il lui convient donc d'abord de donner ses soins à ce qu'elle soit mise sur un pied convenable à sa puissance & à ses richesses, & que tout s'y fasse avec beaucoup d'ordre. Il faut qu'il soit logé en souverain, que ses ameublemens se ressentent de son opulence, que ses tables soient bien servies, que rien ne manque à ses équipages, & que toute sa suite réponde à la grandeur de sa condition. Ce n'est point un luxe blâmable que celui qui engage un prince à faire de la dépense pour encourager l'industrie, & donner aux étrangers une opinion de sa puissance, qui soit capable de détourner les desseins pernicieux que l'on auroit pu concevoir contre l'Etat.

169.

Le prince ne peut apporter trop d'attention dans le choix qu'il fait de ceux qui doivent rem-

---

a) On voit dans plusieurs Etats monarchiques, qu'une grande partie des fonds & des revenus, destinés au bien public, sont absorbés pour satisfaire des goûts & des penchans qui n'y ont aucun rapport. Ce n'est pas là la conduite que tient un bon roi, qui se regarde comme un dépositaire & un administrateur des deniers publics, qui doit en rendre compte au grand jour du jugement, auquel sera manifesté l'emploi que chacun a fait des talens qu'il a reçus.

plir les charges de sa maison, & qui l'approchent de si près. Il faut qu'ils soient propres aux fonctions auxquelles on les destine, qu'ils soient fidèles, exacts, discrets, & gens d'honneur & de probité. Si la naissance se trouve jointe au mérite, il y a de la sagesse à préférer la noblesse, qui pour l'ordinaire mieux élevée, & plus à son aise, soutient plus dignement de pareils postes, & fait plus d'honneur au prince que des personnes d'une basse extraction qui souvent conservent les inclinations de leur première condition.

CHAPITRE IX.
Du conseil d'Etat, & de ses divers départemens.

170.

Les princes les plus sages, les plus éclairés, feroient avec les meilleures intentions du monde des fautes continuelles, s'ils n'avoient un conseil composé des meilleures têtes de l'Etat. Ils ne peuvent suffire à tout par eux mêmes, & tous ceux qui ont voulu se rendre recommandables par leur sagesse, par leur prudence & par leur modestie, ont eu un conseil, auquel toutes les affaires étoient portées en dernier ressort, & décidées après avoir été examinées & pesées en leur présence.

171.

Les plus absolus même entre les souverains, n'ont pas cru donner atteinte à leur autorité par un un pareil établissement; parce qu'en les mettant au fait des affaires, il les laisse maîtres de prendre le parti, qui leur paroît convenir le mieux.

172.

Le premier, le principal devoir d'un souverain, c'est donc de commencer par bien régler son conseil. Les avantages qu'il tire d'un conseil bien établi sont en grand nombre. Un premier ministre prive le souverain de la considération qui lui est due, pendant qu'un sage conseil l'augmente, en le préservant en même temps de mille démarches fausses & précipitées.

173.

Par le moyen de son conseil, le souverain rend l'administration des affaires publiques uniforme, & non sujette à des variations & des innovations pernicieuses. Il conserve dans le gouvernement de l'Etat le même esprit, & les mêmes vues, de manière que les projets, formés murement & avec connoissance de cause, sont poursuivis avec la constance requise pour les voir réussir. Les grandes maximes de l'Etat, & ses vrais intérêts étudiés depuis tant d'années, y sont observés religieusement. On évite par là les surprises, les précipitations, & les partis violens & inconsidérés, que la passion fait prendre, & que la vanité soutient. D'ailleurs le prince, en faisant examiner les affaires par son conseil, les reçoit mieux digérées. Il peut se décharger sur le conseil de tout ce qui est peu important, & qui ne feroit que l'accabler. Et s'il se conforme à ses avis, il est moins exposé à la haine des particuliers *a*), lorsqu'il ne peut avoir égard à leurs demandes, ou qu'il est obligé de les traiter avec sévérité. Tout se passe avec plus d'ordre, & si les affaires se terminent plus lentement, elles se décident aussi avec plus de maturité, de lumière & de succès. On a le temps de consulter les archives publiques, où tous les règlemens, les droits de la nation, les privilèges des particuliers, & les résolutions prises par le passé, sont soigneusement gardés, & peuvent répandre du jour sur les matières que l'on traite. De cette façon les affaires sont liées ensemble, & dans une parfaite harmonie.

L'établissement d'un conseil est surtout utile dans les temps de la minorité d'un prince, d'une absence ou d'une longue maladie, qui l'empêchent de vaquer aux affaires de l'Etat: le conseil prend alors les rènes du gouvernement, & informé des véritables intérêts de l'Etat, il administre les affaires avec sa prudence & sa sagesse ordinaire.

174.

C'est aussi dans un semblable conseil, que les ministres profitent mutuellement des lumières les uns des autres, & que par une expérience

---

a) „Car les princes n'ont accoutumé de rejetter sur les „magistrats que les actions de sévérité, & se réservent celles „de clémence. *Annales de Tacite par d'Ablancourt.*

journalière, qui les met à portée de voir comment il faut gouverner les peuples, ils deviennent habiles & propres à donner d'excellens avis.

175.

L'autorité des divers départemens doit être subordonnée à un seul & même conseil, &, pour ainsi dire, être concentrée & réunie en lui. La partager entre divers collèges, indépendans les uns des autres, ce seroit *causer le même inconvénient que feroient deux gouvernails dans un navire, qui par leurs différens mouvemens formeroient une tempête au milieu du calme* a).

176.

L'auteur de l'*Institution d'un Prince* a bien reconnu les inconvéniens d'un tel partage. Voici ce qu'il dit sur ce sujet:

„Les conseils ne seront point particuliers & „bornés à une seule matière; aux finances, par „exemple, ou à la guerre; car ils seroient ex„posés à de grands inconvéniens: plusieurs grands „hommes, qui seroient capables d'y donner leurs „avis, en seroient exclus par cette limitation.

2. „L'on ne les composeroit que de personnes „qui seroient occupées, ou aux finances, ou à „la guerre, & dès lors intéressées, & par con„séquent suspectes.

3. „On ôteroit l'inspection de leur conduite à „ceux qui en seroient les meilleurs juges, par-

―――――――――――――

a) *Conquête du Mexique.*

„ce qu'ils n'auroient d'autre intérêt que celui „du public.

4. „On afserviroit les conseils à celui qui en „seroit le chef, & qui ayant dans l'exécution la „principale autorité, se rendroit bientôt le maitre „des délibérations qui dépendroient de lui en plu-„sieurs manières, ou pour le succès, ou pour „les faire évanouir.

5. „On réduiroit ainsi en peu de temps à un „seul les fonctions des autres, qui deviendroient „des spectateurs inutiles, ou de foibles contra-„dicteurs, ou même des approbateurs intéressés „& des complices.

6. „Le prince s'accoutumeroit à traiter avec „ce seul homme comme mieux instruit que tous „les autres, & chargé de tout leur travail. Et „comme il en seroit arrivé de même dans tous „les autres conseils, il seroient tous, ou suppri-„més, ou superflus; & un très petit nombre de „ministres, devenus tout puissans, chacun dans „leur empire, gouverneroient tout l'Etat, & le „prince même ne sauroit que ce qu'ils vou-„droient bien lui apprendre *a*).

---

a) „Je ne connois, dit le même auteur, qu'un seul moyen „de prévenir cette espèce de tyrannie qui réduit enfin le „prince même à la servitude; c'est que le conseil soit géné-„ral; que ceux qui ont les finances opinent sur la guerre ou „la paix; que ceux qui sont chargés des affaires étrangères „soient consultés sur l'intérieur de l'Etat; que les mêmes qui „donnent leur avis sur la marine & le commerce, le don-„nent aussi sur les finances. Par là toutes les matières sont

§ 177.

Voici une précaution que l'auteur que je viens de citer veut que le souverain prenne contre son conseil. „Il faut néanmoins, dit-il, prendre „garde que le conseil général ne soit pas com-„posé des seules personnes qui ont quelque inten-„dance particulière: car la pente des hommes „à la domination est telle, que pour devenir les „maîtres d'une partie du gouvernement, ils con-„sentent aisément que d'autres le deviennent d'une „autre partie. Un ministre qui veut être indé-„pendant, souffre qu'un autre le soit aussi. Celui „qui a les finances, se délivre de l'importune „inspection du ministre qui a les affaires étran-„gères, en le laissant régner sans jalousie. La „marine abandonne le reste de l'Etat, pour n'avoir „point de concurrens dans le petit empire qu'elle „s'est fait à elle seule. Ainsi le conseil même „général n'est qu'un complot, où l'on est con-„venu de tout approuver, ou de tout dissimuler, „& où le grand intérêt n'est que celui de quelques

„examinées par des hommes non suspects. Tous les mini-„stres sont mutuellement les inspecteurs les uns des autres: „toutes leurs vues & leurs lumières sur les affaires publiques „se réunissent, & ils deviennent également capables de tout „ce qui regarde le ministère; parce qu'ils sont obligés de „s'instruire de toutes les matières pour opiner sensément, „quoiqu'ils ne soient chargés pour l'exécution que d'un „emploi limité". D'ailleurs toutes les affaires d'un Etat sont dans une étroite liaison entr'elles. Voyez sur cette matière le sentiment de l'Abbé de St. Pierre dans l'article 195. Nr. X.

,,particuliers qui ont partagé entr'eux le royaume,
,,& qui sans s'aimer, & souvent sans s'estimer,
,,se donnent un mutuel secours pour se mainte-
,,nir dans leur usurpation.

,,Il faut nécessairement, ajoute-t-il, pour pré-
,,venir cette ligue ou pour la rompre, que le
,,prince donne entrée dans le conseil général à
,,quelques personnes d'une intégrité infinie, qui
,,n'ayent aucune part à l'exécution de ce qui s'y
,,traite, & qui, pour toutes fonctions, n'ayent
,,que celle d'opiner sagement, & d'examiner
,,la conduite de tous. Cet expédient est pareillement avantageux pour prévenir les mauvais
effets que cause la jalousie des départemens, qui
fait qu'un ministre en contrecarre un autre, &
s'oppose aux meilleurs projets, dès qu'ils peuvent
déroger à son autorité, ou à son intérêt qu'il
préfère au bien public.

178.

Un bon conseiller d'Etat est un homme peu commun. Son mérite est distingué, & sa vertu éprouvée a). Il est d'un âge mur, & il a passé

---

a) ,,Si l'on ne peut pas trouver des hommes parfaits,
,,qu'au moins ceux que le roi choisit pour ses ministres &
,,ses conseillers, ne soient pas décriés par leurs vices; qu'ils
,,ayent du sens & de la raison; qu'ils soient fermes, incor-
,,ruptibles. *Max. de Louis XI. pour Ch. VIII. son fils. &*
,,*Tacite l. 1. §. 5.* Voyez les remarques sur les articles 532
& 537. où il est fait mention des idées de l'Abbé de St. Pierre
sur le moyen de reconnoître le vrai mérite, & sur la manière
de choisir les meilleurs sujets pour les places vacantes par la
voie du scrutin entre 30 pareils.

par divers emplois. Il a beaucoup de solidité, & il possède un grand fonds d'esprit, de bon sens & de pénétration. Il a une connoissance complète de l'histoire ancienne & moderne, des traités, des alliances, des loix & des coutumes de l'Etat, de ses vrais intérêts, & de ceux des autres puissances. Il est fidèle, exact, désintéressé. Il est sincère, mais discret. Eloigné d'une sotte présomption, il écoute avec patience les avis, même de ceux qu'il a lieu de croire moins habiles que lui. Il a des heures marquées, pour donner audience à ceux qui ont à lui parler: il les traite toujours avec douceur & avec bonté. Sa probité & son attachement à la religion sont reconnus de tout le monde. Exempt de timidité & de foiblesse, il ne craint pas de perdre sa fortune, en remédiant aux désordres du gouvernement. Ami de la vérité, il ne la dissimule jamais; mais il est prudent *a*) & insinuant pour la faire goûter. Il n'a point d'attachement trop violent pour quoi que ce soit. Appliqué aux affaires, il en fait son

---

a) „Que ceux qui n'admirent que des générosités impru-„dentes apprennent de là, qu'il y peut avoir de grands hom-„mes sous de mauvais princes, & que les honnêtes gens „arrivent à la fin par l'obéissance & la modestie, où les am-„bitieux tendent par des précipices, sans autre fruit que de „se signaler par leur chute. *Vie d'Agricola de Tacite par d'Abl.*

„Comme il n'est rien de si facile que la complaisance, tout „le monde s'y laisse aller; mais il y a peu de gens qui con-„seillent aux princes ce qu'il faut faire, parce que c'est une „chose trop difficile. *Annales de Tacite par le même.*

tout: son plus grand plaisir c'est de les voir tourner à l'avantage du public dont les intérêts lui sont chers. Ses desseins, toujours conçus avec sagesse, sont exécutés avec constance & avec fermeté. Il ne prétend pas cependant l'emporter sur les autres ministres, & faire seul les affaires: l'unique but qu'il se propose est de travailler, sérieusement & sincerement, à l'avancement du bonheur & de la gloire du souverain & de l'Etat.

179.

Quelle haute idée un prince ne doit-il pas avoir d'un homme, qui plutôt que de trahir sa conscience *a)*, en dissimulant la vérité, s'expose à encourir sa disgrace? mais aussi le prince qui est au dessus de la repugnance qu'on sent ordinairement pour la contradiction, & auquel on

---

a) Un ministre, même intègre, mais foible, est trop occupé des avantages de son poste, & de l'autorité qu'il lui donne. L'idée seule d'être réduit à la condition d'un homme privé, sans crédit, isolé & abandonné de tout le monde, lui paroît accablante. Par combien d'illusions ne cherche-t-il pas à se justifier aux yeux de sa conscience, laquelle de temps en temps se révolte contre sa foiblesse, qui le rend si timide, & lui fait supprimer les représentations les plus justes dès qu'elles peuvent déplaire? Mais voilà aussi une des principales sources du malheur des peuples. Les princes ignorent le véritable état de leurs provinces, & le mal auquel ils auroient peut-être remédié, si l'on avoit osé *penser haut* avec eux, empire au point qu'il entraîne souvent avec soi la ruine & la décadence des royaumes. Que n'écoute-t-on la voix de la vertu, & surtout celle de la vraie piété qui fait se suffire à elle-même, dans quelque situation où l'on se trouve, en suivant ses mouvemens & ses impressions!

peut dire hardiment la vérité, quelque oppofée qu'elle foit à fes défirs, quelle admiration ne mérite t-il pas? quel refpect n'imprime-t-il pas dans tous les cœurs? N'eft-ce pas là un ample dédommagement de ce que fon amour propre fouffre, lorfqu'on ofe être d'un autre avis que le fien?

180.

Le Cardinal de Richelieu regarde l'établiffement d'un premier miniftre, comme néceffaire pour entretenir l'union entre les autres miniftres; mais qui peut mieux la cimenter que le fouverain lui-même? L'Abbé de St. Pierre rapporte *a*) diverfes raifons pour ne point s'en tenir aux avis d'un feul miniftre. Il eftime que les réfolutions de l'Etat feront moins fouvent fondées fur des erreurs de fait, & par conféquent moins fautives; qu'on aura plus de lumières fur les expédiens; que l'intérêt particulier s'oppofera moins à celui du public; que le fouverain fera mieux inftruit de fes affaires, & moins expofé à être trompé; qu'il y aura moins d'injuftices; plus d'émulation parmi les gens de qualité; plus d'établiffemens utiles; enfin que l'Etat fouffrira moins de la maladie des miniftres & de celle du fouverain.

181.

Un fouverain, guidé par la prudence & par la fageffe, s'obferve beaucoup dans la conduite qu'il tient avec fes confeillers. Comme il eft fûr d'avoir fait un bon choix, il leur donne fa con-

---

a) v. le Traité de l'Abbé de St. Pierre *fur la Polyfynodie.*

fiance, & les traite toujours avec douceur & avec distinction: jamais on ne le voit avilir leur caractère par des témoignages de mépris non mérités, ou par des résolutions qui pourroient faire croire qu'il en fait peu de cas. Il les encourage au travail par des récompenses *a)*, proportionnées aux services qu'ils rendent à l'Etat. Il veut qu'ils lui parlent avec liberté, & sans craindre de s'attirer sa disgrace, pour avoir dit la vérité. Il les maintient dans leur autorité. Si l'on fait des rapports *b)* contr'eux, il les approfondit, & punit sévèrement ceux dont les plaintes sont mal fon-

a) „La voie de la justice & la sagesse du monde s'accor-
„dent donc parfaitement sur ce sujet, & il est aussi impru-
„dent que dur de mettre, faute de récompenses & de géné-
„rosité, l'attachement des ministres à une dangereuse épreuve.
(*Anti-Machiavel.*)
„On ne sauroit trop payer un ministre sage, fidèle, éclai-
„ré, & le roi qui en a un, doit penser qu'il a le plus grand
„trésor, qu'il puisse souhaiter. . . . Qu'il ne néglige pas ses
„bons & loyaux serviteurs, & qu'il ne les méprise pas, quand
„il croira n'en avoir plus besoin. *Maximes de Louis XI. pour
Charles VIII. son fils.*
b) „Un roi ne doit pas croire légérement les rapports
„qu'on lui fait . . . . Le roi doit examiner avec grand soin le
„caractère, les moeurs, la réputation de l'accusateur & de
„l'accusé, toutes les circonstances, qui peuvent concourir à
„éclaircir le fait, la nature du crime, les suites qu'il peut
„avoir, & y apporter le remède convenable, le plus promp-
„tement qu'il lui sera possible. En matières d'affaires d'Etat
„on n'attend pas que le crime soit commis pour le punir,
„on le prévient. *ibidem.* Voyez une preuve bien sensible de
„la nécessité de cet examen dans les *Mémoires de Sully.*
Si Henri IV. n'avoit éclairci ses doutes, la cabale & l'envie auroient réussi à faire renvoyer le ministre le plus fidèle,

dées. Il s'informe avec soin des personnes qui ont les qualités requises pour les grandes charges, & il emploie surtout les bons citoyens qui ayant l'approbation publique & l'estime de leurs compagnons de travaux, ont donné des preuves de leurs talens & de leur capacité. Il ne renvoie pas aisément les gens en place qui ont la principale connoissance des affaires, mais s'il croit avoir sujet de se défier de leur probité & de leur fidélité, il les fait observer soigneusement. Il paroît même se confier entièrement en eux, afin de découvrir d'autant mieux leurs menées. Si quelqu'un de ses ministres se trouvoit intéressé à désapprouver un bon établissement, par la crainte de voir diminuer ses revenus ou son crédit, il

le plus intègre, & le plus attaché à sa personne & à l'Etat. Quels détours & quelles ruses n'employèrent-elles pas pour le mettre mal dans son esprit!

„Il y a des princes qui croient la désunion de leurs mini„stres nécessaire pour leur intérêt: ils pensent être moins „trompés par des hommes, qu'une haine mutuelle tient réci„proquement en garde. Mais si ces haines produisent cet „effet, elles en produisent aussi un autre fort dangereux. „Car au lieu que ces ministres doivent concourir au service du „prince, il arrive que par des vues de se nuire, ils se contre„carrent continuellement, & qu'ils confondent dans leurs que„relles l'avantage du prince & le salut des peuples. Rien „ne contribue donc plus à la force d'une monarchie, que l'u„nion intime & inséparable de tous ses membres, & ce doit „être le but d'un prince sage de l'établir. (*Anti-Machiavel*) Agésilas interrogé, pourquoi Lacédémone étoit sans muraille, répondit, en faisant remarquer l'intime union qui régnoit entre les citoyens de cette Ville: *voilà les murailles des Lacédémoniens*.

sauroit l'en dédommager, pour qu'il ne fût pas même tenté de s'y opposer. Il n'a garde de prêter l'oreille à des flatteurs, ou à des maitresses, dont les insinuations donnent lieu à mille injustices, & à toutes sortes d'intrigues de cour funestes à l'Etat. Lorsqu'il assiste au conseil, il est sur ses gardes pour ne point prévenir *a)* les avis de ses ministres, en faisant connoître ce qu'il pense: mais après les avoir écoutés *b)* patiemment, il se réserve la décision; excepté dans les affaires de justice, à l'égard desquelles il se range toujours à la pluralité des voix. Afin que dans les affaires d'importance il ne transpire rien de ses desseins, il ne les confie qu'aux personnes qu'il charge du soin de les exécuter. Enfin il entretient la paix & l'union entre tous ceux qu'il appelle au poste important de conseiller d'Etat, en réglant distinctement leurs fonctions, & en écartant tout ce qui pourroit donner lieu à des contestations entr'eux, S'il distingue ceux qui tra-

a) Suivant Confucius, un prince est sans conseils, lorsqu'il a trop d'esprit, & qu'il dit son sentiment le premier.

b) Dans des affaires fort importantes de grands princes sultent en secret les ministres les plus habiles, & se font donner leurs sentimens par écrit, afin de pouvoir les peser murement: ils ne se déterminent ainsi qu'avec pleine connoissance du pour & du contre. Ce qui peut avoir son utilité, surtout lorsque les ministres sont opposés dans leurs avis, & qu'un prince peut craindre, que celui de ses ministres qui s'exprime avec le plus de facilité & de grace, ne l'emporte sur les autres, qui n'ont pas le talent de parler aussi bien que lui, quoique leurs avis soient peut-être mieux fondés.

vaillent avec le plus d'affiduité & de fuccès au bien public, c'eft pour donner par là de l'émulation aux autres, & les engager tous à faire leurs efforts, pour mériter de plus en plus fon approbation & fon eftime, auffi bien que celles du public.

182.

Pour régler diftinctement les fonctions de chaque confeiller d'Etat, & établir beaucoup d'ordre dans les divers départemens du confeil privé du fouverain, le *Duc de Bourgogne*, petit fils de Louis XIV, fit un plan, par lequel il affigna à chaque miniftère les affaires qui ont le plus de rapport entr'elles.

183.

Il me femble qu'en apportant quelques modifications à ce plan, on pourroit établir quatre miniftères, fubdivifés pour la plupart en différens bureaux ou départemens; favoir

1. *Le miniftère du dedans*
2. *Celui des finances*
3. *Celui du dehors*
4. *Celui de la guerre.*

184.

Le miniftère du dedans pourroit avoir commodément fous lui trois autres départemens.

185.

Le premier feroit chargé des affaires ecléfiaftiques, & du foin de dreffer les loix qu'il faudroit publier à leur occafion. Il régleroit tout ce qui a rapport à la religion & aux mœurs des citoyens, au gouvernement de l'Eglife, & à la difcipline eccléfiaftique, aux confiftoires, à leur établiffement, à leur autorité, à leur jurifdiction. Il auroit foin du culte divin, de la célébration des jours de fêtes, de la vocation des pafteurs, de leur ordination & de leur inftallation, de leur doctrine, de leur conduite. Il prendroit connoiffance des appointemens de tous ceux qui font employés au fervice de l'Eglife, & il auroit la direction des pauvres, des orphelins, des veuves, des maifons de charité, des chapitres, des cloîtres & des autres communautés religieufes.

186.

Le fecond département préfideroit à l'éducation publique, & auroit pour cet effet la direction des écoles & des univerfités. Il auroit foin de ceux qui y feroient employés, de leurs appointemens, & des récompenfes qu'ils pourroient avoir méritées. Il dirigeroit tout ce qui eft relatif aux académies des fciences & des arts, à l'impreffion des livres, aux bibliothèques, aux cabinets de médailles, de raretés & d'antiques, & aux fpectacles. On pourroit encore le charger de l'examen des rangs & des préféances, comme auffi de la connoiffance des projets de politique, & des avantages qu'il conviendroit d'accorder à ceux qui fe feroient diftingués par leur application à procurer le bien public.

187.

Le troisième département connoîtroit des affaires de justice, des affaires criminelles, & de celles qui concernent les fiefs. Il régleroit tout ce qui regarde les loix civiles, & les arrangemens à prendre dans les affaires de ce bureau, comme la procédure, les différentes jurisdictions, les appels, les évocations, les compétences, les amendes, les châtimens des criminels, l'autorité des collèges & des chambres de justice, des juges & des magistrats, leurs prérogatives, leurs appointemens, & leurs autres droits: en un mot il auroit la direction de tout ce qui appartient à l'exercice & au maintien de la justice.

188.

Le ministère des finances pourroit avoir sous lui quatre différens départemens.

189.

Le premier régleroit tout ce qui regarde les domaines du souverain & de l'Etat, les fermes, les mines, la pêche, le sel, la chasse, les forêts, les pâturages, l'agriculture, la multiplication des bestiaux, les haras &c: en un mot il auroit soin de tout ce qui est propre à faire valoir les terres, & à les rendre fertiles & capables d'enrichir l'Etat par leurs productions; auquel égard il devroit souvent entrer en conférence avec le département du commerce.

190.

Le second département auroit la direction des subsides ; Il régleroit toutes les impositions & les contributions, tant des tailles, que des aides & des péages ; Il seroit chargé du soin de les recouvrer, & de faire remettre les fonds qui en proviendroient aux divers tréforiers, établis pour fournir aux dépenses qu'il faut faire, tant pour entretenir la maison du souverain, que pour subvenir aux charges de l'Etat. Il auroit l'intendance du trésor, & des épargnes que l'on pourroit faire des revenus publics. On devroit aussi lui commettre la direction des emplois dépendans de ce ministère, l'examen des comptes, & la connoissance de ce qui regarde la monnoie, le change, le crédit public, les annuités, la circulation des espèces ; & à ces divers égards il conviendroit qu'il concourût aussi avec le département du commerce.

191.

Le troisième département auroit la direction de ce qui est proprement de la police *a*). Il auroit soin de la sureté & de la commodité des citoyens tant des villes que de la campagne, de l'entretien des fontaines, des pompes, des puits, des riviéres, des

---

a) Il faut cependant observer, qu'il convient que chaque département ait la police de ce qui a une connexion immédiate avec les affaires qui lui sont soumises, & sans quoi il seroit hors d'état de les régler avec succès.

des canaux, des moulins, des chemins, des rues, des pavés, des ponts, des écluses, & de tous les arrangemens qu'il faut prendre pour la commodité des citoyens. Il régleroit l'ordre qui doit régner dans les foires & les marchés, dans les auberges, les cabarets & les tavernes. Il prendroit les précautions nécessaires contre les incendies, les mendians, les vagabonds, les voleurs & les brigands, la famine, les maladies. Il préviendroit les abus dans l'achat & dans la vente des grains. Il fourniroit les magasins de provisions suffisantes; & il dirigeroit tout ce qui appartient à la médécine & à la chirurgie. On pourroit encore lui soumettre les biens des villes & leur administration, comme aussi les octrois & les privilèges des communautés & des particuliers, en tant qu'ils ne dépendent pas des autres ministères: mais à cet égard aussi bien que par rapport à la taxe de la viande, du pain & des autres denrées, des poids, mesures, aunages, & des affaires des maîtrises, il conviendroit qu'il les réglât conjointement avec le département du commerce.

192.

Le quatrième département prendroit connoissance des affaires du commerce, tant intérieur qu'étranger, & de tout ce qui y a rapport. Il régleroit en particulier ce qui regarde la navigation, les manufactures de toutes especes, les collèges de commerce, les inspecteurs des fabriques, leurs instructions, leurs représentations, l'établissement des compagnies, des banques, des chambres d'assurance, des bureaux d'adresse, & les encouragemens à donner aux négocians & aux artisans. &c. Enfin on pourroit lui donner aussi la direction des postes, des messageries & des rouliers.

193.

Le ministère du dehors seroit chargé de toutes les négociations avec les puissances étrangeres, par rapport à la paix, aux alliances & au commerce extérieur *a*): auquel dernier égard il faudroit qu'il agît toujours de concert avec le département du commerce. Il auroit la direction de tout ce qui concerne les ministres dans les cours étrangères, les envoyés & les ambassadeurs, leurs instructions, leurs appointemens, & les frais des négociations.

194.

Le ministère de la guerre pourroit être subdivisé en deux autres départemens, dont l'un auroit soin de tout ce qui a rapport à la marine & à la navigation, & en conféreroit souvent avec le département du commerce. L'autre régleroit tout ce qui regarde la guerre par terre, les officiers &

―――――――――

a) Il faudroit qu'il chargeât les ministres dans les cours étrangères, de faire des rapports & des mémoires circonstanciés au sujet du négoce, & des manufactures qui y prospèrent le plus; & que ces mémoires fussent communiqués au département du commerce, pour en faire l'usage le plus avantageux à l'Etat.

les soldats, leurs engagemens, leurs habillements, leurs logemens *a*), leurs appointemens, leurs récompenses, tout ce qui concerne la discipline militaire, & les ordonnances à donner à ce sujet, les troupes réglées, la milice, les garnisons, les fortifications des places frontières, les armes & les autres munitions de guerre, les invalides. Il pourvoiroit aux besoins de l'armée, & auroit soin des marches & des passages des troupes, de la convocation du ban & de l'arrière ban, de la levée des milices, & de tout ce qui est nécessaire, tant pour mettre les provinces en état de défense, que pour rendre le souverain, par une armée bien entretenue & disciplinée, formidable & capable de maintenir les droits de sa couronne, & de s'opposer à tous ceux qui oseroient l'attaquer injustement.

195.

La seule énumération qu'on vient de faire des différentes parties du gouvernement, prouve suffisamment l'étroite & l'intime union qui doit régner entr'elles; laquelle ne subsistera jamais mieux, que lorsque toutes les affaires importantes seront portées dans un seul & même conseil, supérieur à tous les autres. Plus ceux qui possèdent les premières charges de l'Etat seront unis,

---

a) A l'égard du logement & des marches des gens de guerre, il faudroit que le ministre de la guerre en conférât avec le département chargé de la police, afin de régler conjointement les choses, de façon que personne ne fût surchargé.

& plus les délibérations du conseil auront de force & de poids. Voici des réflexions très sensées que *l'Abbé de St. Pierre* me suggère au sujet de ce conseil.

I. Il faudroit que pour conserver le même esprit de gouvernement, chaque ministre en chef consultât soigneusement les divers bureaux qu'il a sous lui, lesquels subsistant toujours poursuivroient les mêmes vues & les mêmes desseins, quand même il viendroit à manquer.

II. Il faudroit que dans le conseil privé, qui se tiendroit en présence du souverain, outre les quatre ministres en chef, tous les présidens des divers départemens y assistassent avec voix délibérative, lorsqu'il s'agiroit de discuter les affaires qui seroient de leur compétence.

III. Il faudroit établir dans chaque département des conseils consultatifs *a*), occupés à exa-

a) Il conviendroit que l'on fût obligé de demander l'avis de ces conseils ou bureaux consultatifs dans toutes les affaires tant soit peu importantes, & peut-être ne seroit-il pas mal, que les cas fussent exposés sous des noms supposés, afin d'écarter tout soupçon de partialité, & de pouvoir convaincre les ministres d'agir par caprice ou par passion, lorsqu'ils donneroient des résolutions contraires à ces avis, sans les avoir appuyées sur de meilleures raisons que celles qui ont été alléguées par ces bureaux. C'est un abus que l'on voit arriver très souvent dans les Etats où les ministres sont en même temps présidens des tribunaux inférieurs. Lorsqu'ils n'ont pas réussi à faire passer leur avis dans ces tribunaux, ils s'adressent au conseil d'Etat dont ils sont membres, & obtiennent presque toujours, sur leur simple rapport, des ordres qui enjoignent ce qu'ils ont résolu contre

miner & à peser les anciens réglemens relatifs aux affaires de leur ressort, & à les compater avec les nouveaux établissemens que l'on propose, afin de ne rien précipiter dans les nouveaux arrangemens que l'on veut établir dans les affaires de chaque bureau.

IV. Il faudroit que le souverain donnât tous ses soins à ce que les fonctions des divers ministres fussent bien réglées, & que chaque ministre s'en acquittât avec zèle & avec application au plus grand bien de l'Etat.

V. Il faudroit que dans l'absence du souverain le plus ancien des ministres fût autorisé à présider dans le conseil, & à prononcer à la pluralité des voix sur les affaires les moins importantes, ou qui demandent une prompte décision.

VI. Les ministres en chef devroient avoir chacun un *vice-ministre*, pour rapporter au conseil dans leur absence, & on devroit les tirer d'entre les présidens des bureaux de chaque ministère.

VII. Les affaires réglées par les loix devroient être vidées sur le champ; mais celles qui ne le sont pas (aussi bien que les règlemens, qui demandent qu'on y apporte quelques modifications)

---

la pluralité dans les corps dont ils sont les chefs. La place de ministre d'un département, & celle de président d'un collège subordonné à ce département, me paroissent incompatibles, & le bien des affaires semble exiger, qu'on ne les réunisse pas dans une seule & même personne.

devroient être difcutées dans le *bureau de la matière*, & après y avoir paffé à la pluralité des trois quarts des voix, être rapportées par le préfident du bureau au confeil, avec le pour & le contre. Le roi & fon confeil les décideroient alors, à moins qu'elles ne fuffent encore douteufes & affez importantes, pour mériter d'être examinées & difcutées par l'affemblée de tous les départemens du miniftère particulier.

VIII. Par rapport aux affaires de juftice qui regardent les particuliers, le fouverain ne doit que prêter fon nom & fon autorité à l'exécution des ordonnances, & s'il affifte au confeil décider toujours ces fortes d'affaires à la pluralité des voix.

IX. Pour délibérer dans le confeil fur les affaires de l'Etat, ce feroit trop peu que de trois ou quatre perfonnes; cependant comme il eft avantageux que le fecret foit gardé, il n'en faudroit tout tout au plus que fix à huit, favoir les quatre miniftres & leurs vice-miniftres, ou plutôt deux ou trois confeillers d'Etat fans département particulier *a*).

X. L'Abbé St. Pierre n'eft pas d'avis de commettre indiftinctement aux fecrétaires d'Etat toutes les affaires d'une province: il prétend qu'ils ne peuvent devenir fort habiles dans les affaires de différente nature; que d'ailleurs ils acquièrent trop de crédit dans les provinces qui font de leur

a) Voyez l'article 177.

reſſort; & qu'il arrive ſouvent que les réſolutions du même conſeil dans les mêmes affaires ne ſont pas uniformes. Il convient ſelon lui de diſtribuer à chaque miniſtre certaines ſortes d'affaires pour les régler dans toutes les provinces, & à l'égard de tous les ſujets. Cette méthode fait que chaque miniſtre devient plus expert dans les affaires de ſon département, par la grande multitude d'objets de même nature, qu'il apprend à modifier, à diſtinguer, & à régler ſuivant la différence des cas qui ſe préſentent *a*).

XI. Le même politique approuve fort *Louis* XIV. d'avoir établi des jours de conſeil différens pour les différentes ſortes d'affaires, afin que chaque miniſtre fût averti de ſe préparer à rapporter.

XII. Il loue pareillement la pratique introduite ſous ce prince de donner au ſouverain tous les huit jours un extrait *b*) de ce que chaque miniſtre avoit ſigné & expédié en ſon nom.

a) Voyez la remarque ſur l'article 176 de l'auteur de *l'Inſtitution d'un Prince*, quant aux précautions qu'il faut prendre, afin que chaque miniſtre ne devienne pas deſpotique dans ſon département. Car bien que la réflexion de l'Abbé de St. Pierre ſoit fondée, elle n'empêche pas, vu la liaiſon intime qu'il y a dans les affaires qui ſont portées au conſeil ſupérieur, qu'on ne doive prendre les avis de tous les miniſtres ſur les affaires importantes; d'autant plus que tous les miniſtres doivent juſques à un certain point poſſéder les diverſes branches de la ſcience du gouvernement.

b) Colbert donnoit auſſi à Louis XIV une note de l'argent dont il pouvoit diſpoſer, afin qu'étant toujours au fait de

XIII. Enfin l'on ne peut manquer de trouver digne d'imitation ce qui s'obfervoit encore fous le règne de Louis XIV. par rapport aux expéditions des affaires étrangéres. C'eft que le miniftre écrivoit dans le confeil les réfolutions du Roi en abrégé, & faifoit en conformité, chez lui à tête repofée, les réponfes aux ambaffadeurs; mais afin d'être fûr d'avoir bien faifi l'efprit & l'intention du roi, il lifoit à la fuivante affemblée du confeil le projet des réponfes & des inftructions, pour que l'on pût juger s'il convenoit d'y faire quelque changement. Par là les affaires étoient à la vérité retardées d'un jour ou deux: mais, dit l'Abbé, fort judicieufement, ne vaut-il pas beaucoup mieux les décider & les finir plus lentement, avec plus de prudence & plus de fuccès, que de les décider plus promptement, mais avec une imprudence dont on a quelquefois longtemps à fe repentir? L'Abbé remarque à cette occafion qu'il feroit néceffaire d'établir la même méthode dans les autres miniftères, fi l'on veut pareillement éviter l'inconvénient d'envoyer des ordres mal conçus, & de publier des arrêts & des édits très mal exprimés. D'ailleurs en les relifant au confeil, les confeillers pourroient auffi quelquefois avoir de nouvelles ouvertures à faire, dont on profiteroit.

l'état de fes finances & de fes caiffes, il pût juger par lui-même de ce qu'il pouvoit entreprendre.

196.

Un souverain prudent compose ces divers ministères de personnes qui ont les qualités requises, pour vaquer avec succès aux affaires qui leur sont confiées. Il n'a rien plus à cœur que de faire un bon choix *a*), & il emploie tous les moyens qui peuvent lui donner l'espérance d'y réussir. Il est en garde contre tout attachement aveugle, & ce n'est pas ceux qui lui plaisent le plus par les saillies de leur esprit, par leur souplesse, ou par d'autres agrémens, qu'il élève aux premières dignités, où l'on demande de l'habileté & une expérience consommée. Il faut en effet que les lumières, les talens & le mérite soient proportionnés à l'importance & à l'étendue des emplois que l'on occupe ; sans quoi le public, blessé de la disproportion qu'il y a entre la grandeur de la charge & la petitesse de celui qui la remplit, le méprise, & ce mépris rejaillit sur le souverain qui l'a placé. Ceux qui péchent par les qualités du cœur sont encore bien dangereux : occupés uniquement de leur fortune, ils ne songent guères au bien public ; & combien n'en voit-on pas qui sont capables d'entretenir les divisions parmi les sujets, ou de fomenter

―――――

a) Toutes choses d'ailleurs égales, il paroit être de l'intérêt de l'Etat de préférer ceux qui ont acquis des terres & d'autres immeubles dans le pays. Leur propre avantage les rend plus attentifs au bien de l'Etat & plus soigneux à en détourner les maux.

même des révoltes dans l'espérance de se rendre par là plus nécessaires?

On demande si les charges doivent être à vie, ou seulement pour un temps. L'assurance de les posséder peut porter au relâchement; mais aussi les fréquens changemens privent l'Etat de serviteurs entendus dans les affaires, & cela dans un temps où ils ont acquis le plus d'expérience. L'art consiste à remédier aux inconvéniens, sans s'exposer à des inconvéniens encore plus grands.

197.

Pour le ministère du dedans, il faut surtout des personnes vertueuses, intègres, droites & versées dans la connoissance des loix civiles & ecclésiastiques, & dans celle des sciences & des arts.

Pour le ministère des finances, il faut faire choix d'hommes laborieux qui ayent travaillé dans les bureaux subalternes de ce département pour en connoître les détails à fond a); exacts, & capables d'une grande application d'esprit; fidèles, vertueux, désintéressés b) & pleins d'hon-

---

a) L'obligation de s'être formé dans les bureaux subalternes regarde tous les ministères.

b) Pour le ministère des finances il faut surtout des hommes *désintéressés*. Car s'ils sont avides, entichés d'avarice, & avec cela indigens & mal payés, ils ne pourront jamais résister à la tentation de détourner les deniers publics, & de s'en approprier une partie. Quel malheur quand ils aiment les présens & qu'on ne sauroit avoir accès auprès d'eux lorsqu'on se présente avec les mains vides!

neur; expéditifs & aimant l'ordre; donnant presque tout leur temps aux affaires, & n'en accordant que peu à leurs plaisirs; bons ménagers & éloignés des folles dépenses, & de toutes les dissipations auxquelles on est entrainé par la passion du jeu & par l'amour pour les femmes; fermes pour ne point se laisser détourner des bons établissemens par la crainte de déplaire, pour surmonter courageusement les difficultés, & pour résister à ceux qui trouvant leur compte dans le désordre des finances, abusent de leur crédit pour s'y opposer; doués de pénétration pour découvrir leurs ruses & leurs fraudes; entendus dans l'agriculture & dans les affaires des subsides & des impôts; au fait de ce qui concerne la monnoie, les mines, l'économie, le commerce, & les véritables intérêts de l'Etat; connoissant pour cet effet parfaitement le pays, sa situation, ses bornes, ses productions, ses besoins, & son superflu, les besoins & le superflu des puissances étrangères; sachant tirer parti de toutes ces connoissances, pour augmenter les revenus de l'Etat, & contribuer à sa prospérité.

Ceux qui composent le ministère du dehors, doivent posséder en particulier la géographie & la constitution des divers Etats; être au fait du caractère de ceux qui les gouvernent, de leurs divers intérêts, & de leurs prétentions; & enfin connoître à fond les divers traités d'alliance & de commerce qui subsistent entre les nations.

Enfin les ministres de la guerre doivent surtout avoir connoissance de ce qui concerne la marine, la navigation, la guerre & les troupes destinées à la défense de l'Etat.

CHAPITRE X.

Des différens ordres de citoyens, des divers régitres pour se mettre au fait, tant du nombre des sujets & de leur situation, que de la nature du pays, de ses productions, de son étendue, de ses fabriques, & enfin de la population.

198.

La première attention du souverain & de son conseil, est de se mettre exactement au fait de la situation & du nombre des habitans de l'Etat, comme aussi d'acquérir une parfaite connoissance du pays, de ses productions, & de ses revenus *a*).

a) Cette connoissance est très intéressante: elle met en état de prendre de justes mesures pour procurer le bien de l'Etat, & empêcher le dépérissement des divers lieux, soit en les peuplant à proportion des terres & du travail qu'ils offrent aux laboureurs & aux ouvriers, artisans & marchands de toutes sortes; soit en leur facilitant par le moyen des foires & des marchés le débouchement de leurs denrées & de leurs ouvrages, comme aussi l'acquisition tant des choses nécessaires à la subsistance que de celles qui contribuent à l'agrément de la vie. Comme on sait que les terres sont mieux cultivées, lorsque ceux à qui elles appartiennent y font leur demeure, on fait payer de plus hauts impôts à ceux qui ne les cultivent pas

Dans cette vue il conviendroit d'avoir cinq différens régîtres.

Le I. qu'on pourroit appeller le régître *fondamental*, devroit contenir non seulement tous les habitans, & les moyens qu'ils ont pour fournir à la subsistance de leurs familles; mais encore toutes les villes, les bourgs & les villages, les bois, les rivières, les mines &c. Il faudroit avoir des plans exacts de chaque lieu, avec une description détaillée de la qualité des fonds & de leurs productions, des bois & des forêts, des diverses plantations, des rivières & des lacs, des marais, des prairies, des terres labourables, des jardins, des vignes; des portions que chaque citoyen possède; de celles qui appartiennent à des corps pieux; des divers fruits, des grains & de la quantité qu'on recueille une année portant l'autre; des bestiaux, des laines, du lin, du chanvre, des racines, des plantes, & des différentes

---

eux-mêmes; & l'on favorise le partage des terres en petites portions, en augmentant les contributions à proportion de ce qu'on possède plus de terres. Les laboureurs & le soin des bestiaux sont renvoyés à la campagne, & les fabricans en général dans les grandes villes, à moins que la main-d'œuvre n'y soit trop chère; auquel cas il faut les placer dans les petites villes, & même à la campagne, lorsque cela se peut sans nuire à l'agriculture. Quant aux maisons on veille à ce qu'elles soient bâties régulièrement, commodes, durables, à l'abri des incendies, & pour cet effet massives: enfin l'on donne des gratifications & des encouragemens à ceux qui se conforment aux arrangemens avantageux à l'État, & qui se distinguent par des entreprises utiles.

productions utiles aux fabriques. Il faudroit que ce régître fût accompagné d'observations faites par d'habiles gens sur les moyens de cultiver, & de faire valoir les terres de la manière la plus avantageuse à l'Etat, suivant la nature de chaque terroir.

Le II. régître seroit celui des *manufactures*, & renfermeroit la liste des artisans & des ouvriers avec leurs femmes & leurs enfans: comme aussi les divers métiers, les professions, les arts, & le nombre des sujets qui s'en occupent, avec une note de la quantité des matières crues qu'ils auroient travaillées: il contiendroit aussi ce qui est requis, & quels sont les frais indispensables avant qu'un ouvrage soit dans sa perfection; quel en est le prix; à quoi monte le gain, & d'autres choses de cette nature, qui mettroient parfaitement au fait de l'utilité de chaque art & de chaque profession.

Le III. régître seroit celui du *commerce* dans lequel on marqueroit le prix de l'achat & de la vente des marchandises & des denrées, comme aussi en quels lieux on peut les avoir, & en quelle quantité on peut les débiter, soit dans le pays, soit chez l'étranger.

Le IV. seroit celui des revenus de l'Etat, & en particulier *des aides, des péages & des ports*: il mettroit au fait de ce que chaque lieu rapporte à l'Etat.

Le V. régître seroit *l'économique*: il exposeroit les dépenses nécessaires pour le bien & la conservation de l'Etat.

Afin de se mettre au fait du nombre & de la situation des sujets, on fait donner annuellement par les magistrats de chaque lieu des listes exactes des personnes qui y demeurent, & des moyens qu'elles ont de subsister: ce qui met le gouvernement au fait des causes de l'augmentation ou de la diminution, de l'agrandissement ou de la chute des familles. Pour connoître encore plus particulièrement ce qui y contribue, on exige des inspecteurs & des pasteurs des églises qu'ils fournissent des listes des baptèmes, mariages, sépultures, avec des remarques sur les maladies qui sont le plus en vogue, sur le grand âge auquel on parvient dans quelques endroits, & sur le nombre des communians: par où l'on acquiert la connoissance des mœurs, des maladies & de tout ce qui peut intéresser l'Etat, & faire songer aux moyens de remédier aux maux *a)* qui s'opposent à sa prospérité.

a) Comment pourroit-on espérer de remédier aux maux, & de les prévenir autant que la chose est possible, si on ne s'appliquoit à les bien connoître? Il ne sera donc pas inutile de rapporter ici les obstacles à l'accroissement du nombre des hommes, aussi bien que les causes générales & particulières de la stérilité, ou plutôt de la moindre fécondité des femmes. Les obstacles à l'augmentation du genre humain sont la peste, les fièvres malignes, & tant d'autres maladies & accidens sinistres qui emportent les hommes, la famine, le grand nombre d'eunuques que la polygamie & la jalousie, sa com-

199.

Un des principaux soins du souverain & de son conseil doit être de travailler à la conserva-

pagne inséparable, introduisent dans les pays où elle est permise, le célibat de certaines conditions, le goût dépravé pour des crimes contre nature, & entièrement contraires au but que Dieu s'est proposé en formant les deux sexes.

Les causes générales de la stérilité & de la moindre fécondité des femmes sont, la stérilité naturelle de quelques unes la foible constitution de quelques autres, la durée des mariages souvent interrompue, le peu d'envie que l'on a de se remarier, après avoir éprouvé mille désagrémens dans cet état, les mariages entre personnes d'un âge fort inégal. Les causes particulières sont la paillardise; la sale débauche; le crime des filles qui perdent & défont leur fruit; & tous ces excès dans lesquels la jeunesse est entraînée par les tentations continuelles, auxquelles elle est exposée dans les mauvais lieux & les écoles publiques de libertinage, que l'on tolère malheureusement dans les républiques les mieux policées; la crainte que plusieurs femmes ont d'un accouchement malheureux, quoiqu'il soit prouvé qu'il n'en meurt environ qu'une de 4 à 500; les soucis & les inquiétudes que les pères & les mères ont par rapport aux moyens de pourvoir à la subsistance & à l'éducation de leurs familles; & enfin la coutume d'allaiter plusieurs années leurs enfans, qui est une suite de la crainte d'avoir une famille trop nombreuse à entretenir & à élever. King attribue le peu de fécondité des femmes de Londres à la débauche, à la paillardise, à l'adultère, à l'intempérance, à la luxure, aux maladies qui proviennent de l'usage des charbons, & aux mariages entre personnes d'un âge fort inégal; ce qui nuit à leur durée. Il y joint aussi une application trop forte de l'ame. Généralement le régime de vie & les mœurs des gens de la campagne, l'emportent sur le régime & les mœurs des habitans des grandes villes, & contribuent à faire parvenir les premiers à une âge plus avancé. Voici les causes que Mr. Susmilch allègue au sujet de la plus grande

tion & à l'augmentation des sujets. Les hommes sont le fonds précieux dont il tire son plus grand lustre & ses richesses *a*). Plus un Etat

mortalité des villes les plus considérables de l'Europe, telles que Londres, Paris, Rome &c. & les raisons du grand nombre de morts qui s'y trouve par rapport aux vivans. Ce sont: une plus foible constitution; l'usage des nourrices; le libertinage; la débauche & la corruption des moeurs; les maladies qui en sont des suites inévitables; l'abondance de nourriture & la différence des mets, ou la trop bonne chère; les passions toujours en mouvement; les soucis rongeans; les inquiétudes & les tracasseries continuelles; l'usage de l'eau de vie & de toutes sortes de boissons & de liqueurs fortes, un air épais & une atmosphère d'autant plus mal-saine que dans la plupart des habitations, on est fort resserré, ce qui accélère la contagion; l'abandon des pauvres dans les maladies épidémiques & dans les temps de cherté ou de disette; le grand nombre de troupes en garnison, auxquelles dans certains Etats on défend de se marier; la quantité de domestiques, de rentiers & d'autres gens qui vivent dans le célibas, détournés du mariage par le surcroît de besoins, de dépenses, & du prix des denrées pour vivre que le luxe y introduit; les étrangers dont plusieurs finissent leurs vies dans les hôpitaux; & le peu de soin que l'on prend des malades en général, même dans les maisons de charité; enfin l'exemple contagieux du vice qui marche tête levée, & l'irréligion, jointe à la facilité d'être séduit & engagé à fréquenter les tavernes, & ces mauvais lieux où l'on s'abandonne à toutes sortes d'excès. Voyez *le traité de Mr. Sußmilch sur la propagation du genre humain, mentionné dans la rem. sur l'art. 64 & 199.*

a) „La force d'un Etat ne consiste point dans l'étendue „d'un pays, ni dans la possession d'une vaste solitude ou d'un „immense désert, mais dans la richesse des habitans & dans „leur nombre. L'intérêt d'un prince est donc de peupler un „pays, de le rendre florissant, & non de le dévaster & de le „détruire. *Anti-Machiavel.*

a de monde, plus ſes revenus augmentent, & plus ſa puiſſance s'accroît; ſoit par le moyen du commerce, des arts & des manufactures qui ſe multiplient; ſoit par la culture des terres qui ſont mieux ſoignées; ſoit enfin par le nombre des troupes que l'on peut mettre ſur pied. Lorſqu'il manque de monde, tout languit: on peut à peine ſubvenir aux plus preſſantes néceſſités de l'Etat & des particuliers; la main d'œuvre renchérit extraordinairement; & l'on eſt la victime des ouvriers, qui mettent le prix qu'ils veulent à leur travail & à leur induſtrie.

200.

L'augmentation des ſujets pourroit cependant être nuiſible dans un pays de peu d'étendue, qui eſt dénué de commerce & par conſéquent incapable de fournir de quoi occuper l'induſtrie des habitans, & de pourvoir à leur ſubſiſtance. En y attirant des étrangers on ne feroit qu'un échange de ces étrangers, contre les naturels du pays qu'on forceroit à déſerter; & ſouvent on perdroit plus à cet échange que l'on n'y gagneroit. Cette diſette des moyens de ſubſiſter eſt ce qui engage certains Etats à envoyer des colonies dans d'autres parties de la terre. C'eſt ce qui porte les *Cantons Suiſſes* à permettre que leurs ſujets ſervent ſous certaines conditions divers ſouverains de l'Europe.

L'augmentation eſt auſſi nuiſible, lorſqu'on n'attire chez ſoi que des vagabonds qui ſans avoir les vertus de leur pays natal en ont tous les vices, & y ajoutent ceux des autres nations qu'ils ont fréquentées. Mais d'ailleurs on ne peut rien faire de mieux que de favoriser la population, qui en général dépend beaucoup de la facilité qu'on trouve à subsister dans un pays, & de la sureté dont on y jouit.

201.

Voici divers moyens que l'on met en pratique pour augmenter le nombre des habitans d'un Etat. On facilite les mariages, non seulement en procurant à ses peuples une subsistance aisée; mais encore en rendant le mariage honorable, & en faisant des avantages, surtout à ceux qui se marient jeunes, & qui ont une nombreuse posterité. C'est en particulier dans cette vue, que l'on assigne à Berlin, & ailleurs, une certaine somme du profit des lotteries en faveur de jeunes filles, la plupart orphelines, à mesure que le sort les favorise, & qu'elles viennent à se marier; On pourroit rendre cet établissement plus avantageux, si ce bénéfice ne dépendoit pas uniquement du sort; mais qu'on eût encore égard à la conduite & aux bonnes mœurs. On accorde aussi en faveur des mariages & de la population les dispenses, nécessaires pour pouvoir contracter ceux qui sont défendus par les loix civiles, mais permis par l'Ecriture Ste. On met des bornes au pouvoir paternel, & l'on supplée au consentement des pères & des mères, lorsqu'ils s'opposent aux mariages de leurs enfans uniquement par caprice, & sans pouvoir alléguer de bonnes raisons de leur refus. On attache une certaine honte au célibat *a*), & l'on distingue en diverses rencontres les gens mariés de ceux qui ne le sont pas. On pourvoit à l'entretien des orphelins, des enfans trouvés, & de ceux qui sont abandonnés de pères & de mères, & l'on établit des maisons de charité, où ils sont élevés & entretenus. On écarte de la ville tout ce qui peut nuire à la santé & à la multiplication des citoyens, & l'on apporte beaucoup de soins pour entretenir la propreté, & détourner les maladies épidémiques & toute contagion nuisible. Les conditions où les mariages sont les plus rares, sont celles des domestiques, des militaires, des rentiers, & des pauvres gentilshommes: il faut donc en faveur de ces mariages des dispositions particulières, pour porter les uns & les autres à se marier, bien loin de les en empêcher *b*). Chez les

a) On punissoit autrefois en Allemagne les célibataires qu'on nommoit Hagestolze. *Mr. Sußmilch.* Voyez *l'Esprit des Loix.* Il faudroit saisir une partie de leur succession, laquelle jointe à ce que produiroient les dispenses pour pouvoir se marier avec une personne d'un âge fort inégal, & à ce qu'on devroit faire payer à ceux qui sous l'unique prétexte d'une inimitié irréconciliable obtiennent le divorce, pourroit servir à former un fonds en faveur des mariages, proposé par Mr. Sußmilch dans son traité *sur la propagation du genre humain.*

b) Cela est surtout nécessaire à l'égard des militaires & des domestiques. Car ce sont les plus beaux hommes, les

catholiques, où les gens d'église font obligés de vivre dans le célibat, on tâche d'en borner le nombre. Et commme on remarque que le luxe vicieux est un des plus grands obstacles au mariage, surtout par la crainte de ne pouvoir entretenir une femme & des enfans *a)* suivant les préjugés reçus, on espère de prévenir cet inconvénient, par des loix somptuaires sagement établies, suivant chaque ordre & les facultés de chaque classe de sujets. Si l'on fait attention à la multiplication étonnante des Juifs, on se convaincra, qu'elle vient non seulement de ce qu'ils se marient jeunes, mais surtout de ce qu'ils sont

plus grands, les plus robustes, & les mieux conformés, que l'on choisit pour ces deux ordres de personnes, dont le plus petit nombre multiplie son espèce. Aussi Mr. le Camus, dans son plaisant *Projet pour conserver les hommes bien faits*, attribue-t-il en partie la *dégénérescence* de l'espèce humaine, ainsi qu'il s'exprime, à ce choix qu'on fait des hommes les mieux proportionnés, pour soldats, domestiques & ecclésiastiques. Ce qui fait que le plus grand nombre de ceux qui se marient sont des hommes laids, petits, mal bâtis & infirmes: d'où il arrive, que le genre humain va toujours en déclinant; vu surtout qu'à ce vice du gouvernement s'en joignent d'autres non moins nuisibles, tels que le défaut d'exercices du corps, la vie molle, délicate, efféminée, & surtout la débauche, & des mœurs corrompues qui font dégénérer de plus en plus l'espèce humaine.

a) Il faudroit surtout venir aux secours des familles nombreuses, en mettant les pères & les mères en état d'entretenir & d'élever les enfans, comme fit Trajan. Nos maisons d'orphelins ne sont pas des ressources pour ceux qui ont trop de sentimens pour abandonner leurs enfans. Mr. Sußmilch. Voyez *les intérêts de la France mal entendus.*

assez généralement modérés dans leurs désirs, & qu'ils ont de l'éloignement pour la débauche. C'est donc avec beaucoup de raison, que dans les sociétés bien policées on s'oppose à l'esprit de galanterie & de débauche *a*), à la paillardise au concubinage, à l'usage trop fréquent de l'eau de vie & des liqueurs fortes qui abrègent les jours d'un grand nombre de citoyens, à la mollesse;

a) L'esprit de débauche conduit insensiblement aux péchés contre nature, lesquels non seulement éloignent du mariage, mais causent encore des maux dont on se ressent toute sa vie, comme d'habiles médecins l'ont parfaitement démontré. *Mr. Tissot.* Au reste, il faut voir dans l'ouvrage même de Mr. Susmilch tous les désordres & les maux cuisans, & souvent incurables, que la débauche & la paillardise traînent à leur suite. Mr. Susmilch rapporte encore parmi les obstacles à la fécondité, les mariages qui se contractent entre personnes d'un âge fort inégal, & la crainte d'un accouchement sinistre. Il est d'avis que l'on défende de se marier avec des personnes d'un âge fort avancé qu'après en avoir obtenu dispense, & que ce qu'il faudroit payer pour la dispense fût destiné à former une caisse en faveur des mariages. Quant au danger des accouchemens, il faut pourvoir à l'établissement de sage-femmes entendues & habiles. Il parle aussi de deux autres pratiques qui nuisent à la fécondité des femmes. Ce sont, comme on a déjà eu occasion de le remarquer, l'usage d'allaiter les enfans pendant deux ou trois années, & celui d'employer des nourrices: le premier cessera par tout où une nombreuse famille procurera des avantages capables de la faire souhaiter. Par rapport aux nourrices, il faudroit trouver les moyens de porter les mères à se faire un honneur d'allaiter leurs enfans, quand elles le peuvent. C'est un objet assez important pour mériter l'attention du gouvernement, puisque suivant l'auteur *des intérêts de la France mal entendus*, le rapport des enfans qui meurent en nourrice, à ceux qui meurent au sein de leurs mères, est de 5. 3.

à l'amour excessif des aises, & à tout ce qui peut causer de l'éloignement pour l'état du mariage. Il faudroit de même bien des précautions pour prévenir les dangers que l'on court aux théatres, dans les salles à danser, & dans tous ces lieux publics, qui sont les écueils de la jeunesse, & qui en ruinant le corps donnent à la postérité de ceux qui les ont malheureusement fréquentés, une constitution foible & languissante, incapable de grandes actions. On seroit très fondé à punir rigoureusement ceux qui par une conduite criminelle donnent lieu de casser le lien du mariage qui les unit. Et l'on ne devroit pas non plus user de trop d'indulgence envers ceux qui par leur humeur bourrue, leurs caprices, & l'irrégularité de leurs procédés, rendent l'état du mariage insoutenable. Des châtimens sévères infligés au mari qui sévit contre sa femme, ou à la femme qui perd tous les égards qu'elle doit à son époux, empêcheroient du moins l'éclat, & obligeroient de se vaincre, & de vivre en bonne harmonie: ce qui préviendroit assurément mille tracasseries que l'on se permet, à cause de la facilité que l'on trouve à se faire séparer, sans s'exposer aux peines que l'on mérite: d'ailleurs ces mauvais ménages ne sont propres qu'à inspirer à ceux qui en sont les témoins du dégoût pour le mariage [a]. Il

---

[a] Sur quel fondement a-t-on pu avancer, que la religion chrétienne est préjudiciable à la population, elle qui est si favorable aux mariages, & met ses droits & son hon-

feroit, au reste, encore très avantageux à la population, quand cela se peut sans blesser les droits, la liberté & le bonheur des particuliers, & surtout de ceux qui y sont le plus intéressés, de favoriser les mariages entre personnes de facultés inégales. Par là on en procureroit un plus grand nombre, & il est de l'intérêt de l'Etat d'avoir plutôt mille fortunes modiques que dix fortunes éclatantes: c'est là sans doute une des raisons pourquoi dans certains Etats, les grands ne peuvent se marier qu'avec l'approbation du souverain.

202.

Un autre moyen d'augmenter le nombre des sujets d'un Etat, c'est d'y appeller des étrangers de toute nation & de toute religion, pourvu qu'ils n'ayent point de principes destructifs de la société. On en retire un notable avantage, quand ce sont des gens à leur aise, industrieux, bons artisans & habiles manufacturiers. On les engage à s'établir dans le pays, en leur accordant des privilèges & des franchises, des frais de

neur en sureté; qui s'oppose aux désordres & au divorce; qui ordonne aux jeunes veuves de se remarier; bénit les mères fertiles; établit la monogamie qui est la voie la plus propre à la propagation; désapprouve la polygamie qui y est contraire; forme les hommes à la modestie, à la modération, & à la tempérance; pendant qu'elle a en abomination tous les vices & les excès de débauche, qui sont des obstacles à la multiplication des hommes? Ce n'est pas à la religion qu'il faut s'en prendre, si on la fait servir de prétexte à des abus. *Mr. Sußmilch.*

voyage, des gratifications & des pensions selon leur mérite & leurs talens.

203.

Ce qui contribue le plus à attirer du monde dans un Etat, c'est, comme on l'a déjà insinué, un gouvernement doux & bien policé *a*), où chacun, sans être assujetti à de trop fortes charges jouit de l'aimable liberté, surtout de celle de conscience, vit tranquile, & obtient prompte justice; où il y a abondance de vivres, & de toutes les choses nécessaires tant pour l'entretien que pour l'agrément de la vie; où l'on encourage les sciences, les arts, l'agriculture & les fabriques; où les professions les plus utiles sont mises en honneur; où le commerce prospère; & où chacun trouve aisément à s'employer, & à gagner du bien.

203.

La population la plus avantageuse est celle des hommes appliqués à l'agriculture. Aucun état ne multiplie autant que celui des gens de la

---

a) „En établissant un magistrat qui accorderoit aux étran‑
„gers la même protection, que les tuteurs publics accordent
„aux orphelins; en donnant des dignités & des honneurs à
„ceux qui par leurs soins & par leur adresse auroient mé‑
„nagé de plus grands établissemens d'étrangers, on gagne‑
„roit par là leur affection. Par là on engageroit un nom‑
„bre infini de sujets à se mettre sous la protection de notre
„gouvernement; ce qui augmenteroit notre revenu public. *Discours de Xénophon sur la manière d'augmenter les reve‑
nus d'Athènes traduit par l'Abbé de S. Réal.*

campagne *a*) & des laboureurs, & il n'y en a aucun où l'on parvienne plus généralement à un âge fort avancé, quand on le protège : mais il faudroit surtout soulager cet ordre lorsqu'il est foulé par les impôts, par les corvées, & par les livraisons, qu'on lui impose. Car comment espérer qu'un paysan qui est dans une oppression continuelle, & qui à peine a de quoi vivre pour lui & pour sa femme, soit encouragé à avoir plusieurs enfans ? il faut donc que les gens de la campagne, en travaillant avec leur famille, puissent être assurés d'une subsistance aisée & d'un sort agréable. Un paysan qui a un certain nombre d'enfans, devroit obtenir par préférence les terres qui sont encore en friche, ou tel autre avantage.

204.

On réussit à attirer les voyageurs dans un Etat, en y rendant les chemins & les routes commodes, les auberges propres & bien fournies de tout ce qui peut flatter le goût ; en embellissant les villes de beaux edifices ; en procurant aux habitans d'honnêtes divertissemens, en tenant une cour convenable à la grandeur & à l'élévation du sou-

---

a) On trouve dans le plat pays des ressources abondantes pour la défense de l'Etat. Il n'y a point de gens plus propres que les paysans à devenir de bons soldats, & à soutenir les fatigues de la guerre : on peut aussi compter sur leur fidélité & sur leur attachement. On devroit donc songer mieux qu'on ne fait à tout ce qui peut contribuer à leur conservation. *Mr. Sussmilch.*

verain; en faisant accueil aux étrangers; en établissant dans les universités & les écoles publiques des savans d'un mérite distingué & d'une grande réputation; & en encourageant l'établissement des académies & des sociétés des sciences & des arts.

205.

Mais rien ne dégoûte d'avantage les étrangers, que lorsqu'on manque de parole à ceux que l'on attire dans le pays, ou qu'on leur suscite mal à propos des difficultés qui leur causent la perte de leur temps, & les réduisent à la mendicité, avant même que d'avoir pu commencer leur établissement. Rien non plus ne dépeuple d'avantage un pays que les monopoles, les enrollemens forcés, les violences dont on accompagne les logemens des gens de guerre, les injustices & les procédures imprudentes de la police qui blessent la liberté, dont les citoyens doivent jouir, les impôts exorbitans, les désordres du gouvernement, en un mot tout ce qui remplit de méfiance, trouble la tranquillité publique, & nuit à la facilité de subsister.

206.

Quand l'ouvrage manque à des ouvriers utiles à l'Etat, ou que la cherté des vivres les engageroit à chercher du pain ailleurs, on les aide, & on les entretient, ou du moins on leur fournit les moyens de s'occuper, jusqu'à ce que les temps deviennent meilleurs, & que l'on ait pu lever les obstacles qui s'opposent à leur subsistance: c'est une dépense qu'on ne doit pas regretter. Car on épargne une perte dont on se seroit long-temps ressentie dans la suite *a*).

207.

Le droit de primogéniture est aussi contraire à la population, en ce qu'il donne presque tout à l'aîné, & si peu aux cadets, que plusieurs d'entr'eux n'osent pas se marier, crainte de ne pouvoir fournir à l'entretien d'une famille.

208.

Les souverains, dans la vue de retenir ceux de leurs sujets qui ont du bien, obligent ceux qui quittent l'Etat de payer la traite foraine des biens qu'ils emportent avec eux. En quoi ils paroissent à la vérité fondés; étant juste que ceux qui ont joui de la protection d'un Etat, le dédommagent de la perte qu'ils lui causent en se transportant ailleurs avec leur bien: cependant il est souvent de la prudence de ne se point prévaloir de ce droit; par exemple, lorsqu'il préjudicie à la population, ou qu'il engage à user de représailles qui nous sont désavantageuses; en un mot lorsqu'il fait plus de mal à l'Etat qu'il ne lui apporte de profit. Car par le moyen de lettres de change, & par mille autres détours,

a) C'est dans ces conjonctures fâcheuses où l'ouvrage manque, que l'on devroit, pour occuper & maintenir surtout les fabriques de laine & de lin ou de chanvre, former des magasins de toutes sortes de hardes, dont on pourroit aider les pauvres dans les temps de calamité.

plusieurs trouvent l'occasion d'éluder l'effet des ordonnances publiées contre ceux qui quittent le pays. En général toutes les violences que l'on exerce contre les sujets, qui trouvent leur intérêt à s'établir ailleurs, sont des entraves fort contraires à la population. Tout étranger craint un pareil traitement, & choisit une autre retraite.

209.

Il est très utile d'avoir le dénombrement exact des habitans d'un Etat, & de savoir la quantité de blé qui vient dans chaque province. On est par là mis en état de juger : 1. quelle des provinces en a assez abondamment pour fournir de son superflu à celle qui est dans la disette ; 2. si l'on peut permettre qu'il sorte du blé du royaume, ou combien il en faut faire venir du dehors ; & enfin 3. en quelle province, en quels lieux, il faut établir des magasins, pour qu'on y ait le blé nécessaire à la nourriture des habitans de chaque district.

210.

On se propose de savoir le nombre des habitans & leur situation par le moyen de listes annuelles *a)* ; mais elles sont presque toujours sans

---

a) L'on a de très bonnes intentions, en exigeant les listes des baptêmes, des mariages, des morts, des communians &c ; mais il est rare qu'on aille à la source du mal, & que ces listes servent à y faire remédier. Mr. Susmilch, dans l'ouvrage que j'ai eu souvent occasion de citer, fait voir la grande utilité des listes lorsqu'elles sont bien faites : il en donne des modèles qu'il faudroit imiter par tout. Mais quel

exactitude, surtout en ce qui concerne les maladies; cependant le bien public exigeroit, que l'on pût porter efficacement ceux qui doivent les dresser, à y donner plus d'attention & à y mettre plus d'ordre, afin de procurer aux supérieurs les informations dont ils ont besoin, pour faire éprouver à tous les habitans la protection qui leur est due. Ces listes peuvent en effet contribuer à faire prendre les mesures nécessaires pour la conservation des citoyens, & engager à remplir à temps les magasins de provisions; elles peuvent, lorsqu'elles sont exactes, fournir aux divers départemens l'occasion de faire soulager les contrées qui sont dans la souffrance & dans la misère; d'empécher le dépérissement des familles; de maintenir la proportion requise dans les divers ordres de l'Etat; de détourner les maux imprévus; & de remédier aux abus qui se glissent aisément dans les sociétés, pour peu que l'on connive au désordre.

A ce dernier égard le gouvernement doit apporter une attention toute particulière pour s'opposer avec vigueur à ce qui nuit aux mariages & à la fécondité des femmes, parce

fruit peut-on en espérer, si dans les tribunaux auxquels elles sont adressées, on ignore même l'usage qu'on en peut faire; ou si ceux qui doivent s'en servir, se contentent d'y jetter un coup d'œil? Mr. Sufsmilch remarque encore qu'il seroit à souhaiter que par tout les mêmes maladies eussent les mêmes dénominations.

que c'eſt là une des principales cauſes de la dé-
population *a*).

211.

On peut partager les ſujets en deux claſſes. Les
uns ſont appellés à aider le ſouverain dans l'adminiſtration des affaires, & deſtinés à ſervir le public;
les autres compoſent le gros de ce public.

212.

Ceux de la première claſſe ſont les eccléſiaſti-
ques; les gens d'affaires & de juſtice; les perſonnes prépoſées aux finances, au commerce,
à la police, à la guerre; les régens & les doc-
teurs; les médecins & les chirurgiens.

a) Voyez les remarques ſur les art. 64 & 199. Au reſte,
les encouragemens à la population ſuppoſent, qu'il y a dans
l'Etat, dont on cherche à augmenter le nombre des ſujets,
des terres & des ſources de travail ſuffiſantes pour occuper
un plus grand nombre d'habitans: ſans quoi on feroit plus de
mal que de bien, en attirant des étrangers dans un pays
dénué de moyens de ſubſiſter. Si dans un bourg qui ne peut
nourrir que cent familles, je prétends y établir dix nouvelles
familles, ſans leur fournir de nouvelles terres à cultiver, ou
ſans leur procurer quelque débouchement pour de nouvelles manufactures, il arrivera immanquablement, ou que
toutes les familles n'ayant plus une honnête ſubſiſtance vi-
vront pauvrement; ou que les étrangers s'en retourneront;
ou bien enfin que les enfans du pays ſeront forcés de chercher fortune ailleurs: perte qui ne ſera pas réparée par les
nouveaux venus, moins affectionnés à l'Etat que les autres.
Il faut donc beaucoup de diſcernement dans l'application des
principes, & entrer dans les détails que les régiſtres & les
liſtes mentionnées peuvent fournir ſur le nombre & la ſitua-
tion des habitans de chaque lieu, & ſur les moyens de ſubſiſter qu'ils y ont, ou qu'on peut leur procurer.

La seconde classe renferme les nobles, les bourgeois, les ouvriers, les manœuvres, les pauvres, les domestiques & les paysans. On peut encore distinguer les sujets en laboureurs (par où l'on entend tous ceux qui font valoir les terres, & qui mettent les matières crues qu'elles produisent en état d'être travaillées par l'ouvrier) en artisans ou gens de profession, & en marchands ou commerçans.

213.

Dans la plupart des Etats on donne le premier rang aux ecclésiastiques, le second à ceux qui sont appellés à l'administration de la justice & de la police, & le troisième aux financiers. Dans d'autres c'est le financier ou le militaire qui a le rang. Pour l'ordinaire les officiers de la maison du roi, & les militaires, roulent suivant leur grade avec ceux qui sont revêtus des dignités civiles, selon que le souverain fait cas des gens de guerre & des personnes qui composent sa maison. Il convient d'observer par tout une exacte proportion qui n'avilisse aucune condition, & la prudence veut que dans chaque état personne n'ait lieu de rougir des traitemens qu'on lui fait, & du peu d'égard qu'on a pour lui *a*).

---

a) Dans tout Etat bien policé on accorde un rang distingué à tous les emplois qui demandent des talens supérieurs, de l'application, du savoir, & un grand discernement. Quel encouragement peut avoir un génie supérieur dans les Etats, où il est confondu dans la foule, & où l'avantage de porter un plumet, ou une dragonne, est préféré aux services

214.

On aura occasion de parler dans la suite des divers ordres de sujets. Il suffit de remarquer ici, que le nombre des citoyens de chaque classe & de chaque condition doit être dans une juste proportion avec le nombre total des sujets, la grandeur de l'Etat & l'étendue de son commerce, & que chacun doit jouir du rang & des douceurs ou prérogatives attachées à sa condition. C'est pour entretenir l'équilibre, & cette juste proportion, que l'on accorde suivant les circonstances des avantages & des gratifications à un ordre préférablement à l'autre. En général ceux qu'il convient de multiplier le plus, ce sont les laboureurs & les artisans : ces derniers, au reste, ne doivent pas l'emporter sur les premiers; les profits de la main d'œuvre n'étant pas équivalens à ceux des productions que nous procure l'agriculture bien entendue. On doit aussi faire une grande différence entre l'industrie qui ne contribue qu'à notre agrément, & celle qui s'adonne aux arts nécessaires ou fort utiles.

les plus importans ? toute prévention aveugle en faveur de certaines conditions ou de certaines professions devient nuisible à l'Etat. „Toutes les conditions sont liées entr'elles par „une chaîne qu'on ne peut briser, sans exposer une société „à de grands dangers. Il résulte au contraire de leur union „une force générale qui les affermit toutes. *Parallele des Romains & des François.*

CHAPITRE XI.

Des lois, des peines & des récompenses.

215.

Les hommes, peu dociles à la voix de la raison, méconnoissent presque toujours leurs vrais intérêts: on ne peut les gouverner que par le moyen des loix positives & écrites. C'est uniquement par l'observation des sages règlemens d'un Etat, que ses citoyens vivent heureux. Le principal objet du souverain & de son conseil, ce sont donc les lois, à la composition desquelles on ne sauroit apporter trop d'attention, pour les rendre aussi parfaites qu'elles peuvent l'être. Les lois sont les décrets de la saine raison sur ce qui doit être observé & pratiqué par les citoyens d'un Etat: ce sont des déclarations d'autant plus impartiales, qu'elles n'ont d'autres vues a) que la tranquillité & le bien de la société en général & de tous ceux qui la composent, l'avantage du souverain aussi bien que celui de ses sujets. Ce n'est donc qu'en prononçant suivant les loix, qu'un juge est à l'abri du soupçon de partialité.

---

a) „Toute loi tend à faire haïr le mal, & à faire aimer „la justice, à rendre l'homme heureux, autant qu'il peut „l'être: tout ce qui ne tend point là, ne doit point entrer „dans la loi. . La fin des lois est bien plus d'entretenir la „paix, & d'empêcher que les maux n'arrivent, que d'y re- „médier quand ils sont arrivés. *Platon.* ad 216.

216.

Il y a des lois générales qui sont de tous les temps, qui conviennent à tous les peuples; il y en a d'autres qui sont positives & relatives aux circonstances: c'est à l'égard de ces dernières qu'il faut consulter le génie & le caractère des nations. Comme ce caractère varie fort, telle loi positive & particulière convient à l'une, qui ne convient nullement à une autre. Il faut donc bien étudier le génie de la nation à laquelle on veut donner des lois, & faire attention aux choses qui peuvent influer sur son caractère, telles que sont le climat & la *) nature du pays qu'elle habite, les traditions, les coutumes & les préjugés, l'éducation, le tempérament, le gouvernement & la religion: sans ce discernement on ne parviendra pas à la perfection, que l'on se propose dans la publication des loix. C'est sans doute à quoi tend l'illustre auteur de *l'Esprit des Loix*, lorsqu'il dit: „Plusieurs choses gouvernent les „hommes, le climat, la religion, les lois, les „maximes du gouvernement, les exemples des „choses passées, les moeurs, les manières, d'où „il se forme un esprit général qui en résulte.

*) Il est, par exemple, plus facile de ranger à leur devoir les peuples qui habitent dans des plaines, & où l'on a de bonnes forteresses, que les habitans des pays montagneux & marécageux, aussi bien que des Etats où l'on ne possède que peu de places fortes.

217.

Les lois servent à la sureté de nos personnes, de nos biens, & des divers droits que nous avons comme hommes & citoyens, pères & mères ou enfans, maris ou femmes, maîtres ou domestiques &c. Elles donnent les effets convenables à nos conventions & à nos engagemens: mais elles doivent surtout maintenir les constitutions fondamentales de l'Etat, augmenter sa force, assurer ses finances, & protéger la religion, les magistrats, & tout ce qui a rapport au bien être & à la tranquillité de la société.

218.

Comme les lois sont faites pour des hommes, c'est-à-dire, pour des êtres raisonnables, qui se conduisent par des motifs & par des raisons *a*), on fait prudemment de les publier, autant que cela se peut, avec les motifs qui les ont fait donner, afin de convaincre les citoyens qu'il est de leur intérêt de les observer.

Voici quelques bonnes raisons de publier les motifs des lois. On facilite le travail des jurisconsultes, & on les garantit des erreurs où ils pourroient tomber; on lève les équivoques, les obscurités ou les contrariétés apparentes; on étend les lois aux cas non décidés par rapport

―――――――――――
a) „Les maladies du corps se guérissent par les remèdes, „& non par des raisons; mais l'ame a besoin de raisons pour „guérir les siennes. Il sera donc utile d'appuyer les lois de „raisons pour les faire aimer. *Platon.*

au but & à l'intention du législateur; on ôte l'embarras où l'on seroit de régler certaines affaires; on diminue les doutes; & l'on a moins à craindre les contradictions dans l'établissement de nouvelles lois.

219.

Les sources des lois sont intarissables. On peut cependant en réduire le nombre à de justes bornes, en exprimant, comme on vient de le dire, leur esprit & la fin qu'elles se proposent. On éviteroit par là cette multitude immense de constitutions & de règlemens *a*), qui rebute tous ceux qui en doivent prendre connoissance, & en ensevelit un grand nombre dans l'oubli. C'est un labyrinthe, où les juges eux mêmes s'égarent, qui fait traîner les procès dans une longueur ruineuse, & qui en multipliant les infractions des lois en affoiblit l'autorité.

220.

Les princes les plus sages ont reconnu l'abus de cette variété immense de lois, qui en rend l'observation si difficile. Ils ont cherché à établir un droit certain & uniforme dans tous les pays de leur domination. Feu le Grand Chancelier de Coccéi, protégé & encouragé par son Auguste Maître, est mort au milieu d'une carrière si glo-

---

a). Tacite dans ses *Annales lib. III. §. 6.* remarque au sujet de la multitude des lois romaines, que l'on pouvoit dire à la honte de la république qu'elle étoit plus tourmentée par les lois qu'elle ne l'avoit été par les vices.

rieuse, & son digne successeur est très capable d'achever ce grand ouvrage. Il faut avouer que c'est une entreprise de longue haleine. Il est même presque impossible d'introduire dans un royaume ou une république, composée de diverses provinces, une entière uniformité; vu la variété de religions, & la différence des droits acquis aux provinces, aux villes, aux bourgs & aux villages, par d'anciens établissemens, & par les coutumes ou par les statuts particuliers de chaque lieu.

Cependant pour approcher de cet état de perfection, autant qu'on peut se flatter d'y réussir, le souverain pourroit établir dans cette vue un conseil perpetuel, composé de cinq ou six personnes intègres, & profondément versées dans la morale, dans le droit de la nature, dans la jurisprudence, & dans les lois, & les coutumes du pays. Il faudroit aussi qu'elles eussent des appointemens suffisans, pour pouvoir y consacrer tout leur temps.

Ces jurisconsultes devroient commencer par établir des principes généraux de toutes les lois, & rangeant les matières dans l'ordre le plus naturel, par exemple, suivant les trois objets du droit, qui sont l'état des personnes, le droit qu'elles ont sur les choses, & leurs engagemens ou leurs conventions, faire un corps de droit abrégé qui contint les principes & l'esprit de tous les règlemens, approuvés par la raison éclairée des lumières naturelles & de celle de la religion.

Il faudroit surtout que la procédure qu'on doit observer, pour obtenir justice, fût simple & réduite à ce que l'instruction essentielle des procès exige, pour que chacun soit oui suffisamment, & puisse alléguer ce qui sert à justifier ou à vérifier ses prétentions. Mais pour parvenir insensiblement à l'uniformité, & à une pleine certitude du droit, il faudroit que les tribunaux de justice, dans tous les cas douteux qui se présenteroient, aussi bien que dans les occasions favorables d'introduire l'uniformité, eussent à les rapporter à ce conseil. Il donneroit sa décision accompagnée des raisons de décider; lesquelles mettroient l'esprit, le principe & le motif de la loi dans leur vrai jour; de façon que l'on ne pût plus douter de l'intention du législateur: & ces décisions, ajoutées au corps de droit, en rendroient la teneur plus claire, plus précise & plus certaine.

Le feu Grand Chancelier de Coccéi ordonna à toutes les justices du Brandebourg, de proposer les cas douteux dans un délai de trois mois; mais comme ce terme étoit trop court, l'ordre n'eut aucun effet. Il faut le temps & le nombre de personnes requises pour un pareil travail; & il ne peut s'exécuter convenablement qu'à mesure que les doutes se présentent, où que l'occasion de rendre le droit uniforme est favorable, nonobstant l'opposition des coutumes & des statuts particuliers.

Voilà pourquoi ce conseil ne peut être établi pour un temps limité. D'ailleurs il faut que le même esprit qui a donné la loi, soit aussi celui qui l'intreprête. On pourroit pour cet effet admettre dans ce conseil de jeunes gens, formés à la science du droit, & qui profitant des lumières & des entretiens des habiles jurisconsultes appellés à cet ouvrage salutaire, en revêtiroient l'esprit & les sentimens.

Il y a des lois immuables. Ce sont celles qui découlent immédiatement de la loi de la raison, les lois naturelles; mais ces lois ne suffisent pas pour le gouvernement d'une république ou société politique. Il faut, outre ces lois, un droit & des lois civiles. Ces lois résultent des diverses combinaisons entre les lois naturelles & leur application, comme aussi de la variété infinie des circonstances qui accompagnent les actions humains. Elles ajoutent aux lois naturelles & les affermissent, en rendant l'obligation de les observer plus forte, par les motifs & les encouragemens qu'elles y ajoutent; ou bien elles bornent la liberté que nous avons naturellement & déterminent ou fixent l'étendue d'une loi, suivant que le droit naturel laisse le jugement indécis, & ne règle les choses que d'une manière vague & générale. Ce sont des conséquences de la loi de la nature, que le bien & la tranquillité publique exigent; auxquelles nous devons d'autant plus nous soumettre, qu'elles contribuent à notre bonheur particulier; & que ce sont les décisions de ceux qui tiennent sur la terre la place de Dieu même.

Dans toute république il y a un droit public qui contient les lois fondamentales de l'Etat, de la constitution & de son gouvernement. Il règle les différentes jurisdictions suivant qu'il s'agit d'affaires ecclésiastiques, civiles, féodales, militaires, criminelles, réelles & personnelles, d'affaires de justice, ou de police proprement dite, & de maîtrises, de finances, de commerce, de chasse &c; déterminant les fonctions & les prérogatives des tribunaux, qui sous l'autorité souveraine gouvernent l'Etat, & exercent la justice en son nom.

Il y a de même par-tout un droit privé ou civil, qui concerne les liaisons & les différentes relations des citoyens, & qui règle les affaires qu'ils ont ensemble, leurs démélés & la manière de les décider, aussi bien que la procédure qu'il faut observer pour l'instruction des procès, & pour les jugemens. C'est un corps ou recueil de lois générales, tendant à diriger toutes les démarches des particuliers vers le bien & la tranquillité publique, en même temps qu'elles mettent leur vie, leur honneur, leur liberté, & leurs biens en pleine sureté; pourvu qu'ils s'assujettissent à l'ordre établi.

Ce droit distingue les hommes par la naissance, par le sexe, par l'âge, & par d'autres considérations, les envisageant comme hommes ou femmes, libres ou esclaves & de condition serve; comme citoyens, regnicoles, aubains, ou morts civilement; comme maris ou femmes mariées, pères ou fils de famille, maîtres ou domestiques, nobles ou rôturiers, nobles de naissance ou gens annoblis par leurs charges ou par des lettres de noblesse; comme magistrats, syndics, administrateurs de communautés, tuteurs ou curateurs, vassaux, officiers, soldats, bourgeois, marchands, artisans ou paysans; comme adultes & majeurs ou mineurs, prodigues, furieux, imbécilles, muets, & sourds; comme ecclésiastiques & religieux, morts ou vivans, nés ou à naître, légitimes ou bâtards, eunuques, ou monstres; enfin comme formant des familles, des corps ou communautés, des maîtrises ou des maisons de charité, de travail ou de correction &c.

Ces diverses relations donnent lieu à différentes décisions selon la nature des affaires, & suivant que les talens, l'âge, ou le sexe donnent de capacité, de fermeté & d'expérience, de lumière & d'intelligence, soit pour conduire les autres, soit pour se conduire soi-même. Et ces décisions servent à régler en conséquence la manière dont on doit venir au secours de ceux qui ne peuvent eux-mêmes gérer leurs affaires, ni pourvoir à leur sureté: par exemple, s'il s'agit de tuteurs ou de curateurs, il faut que le magistrat les confirme; qu'ils fassent inventaire des biens qui leur sont confiés; qu'ils ayent soin de l'éducation de leurs pupilles ou mineurs; qu'ils conservent leurs biens; qu'ils les administrent fidèlement; & que toutes les années ils rendent compte de leur administration.

Après avoir exposé les droits qui dérivent de l'état des personnes, le droit civil examine la nature des choses, suivant qu'elles sont dans notre patrimoine, ou hors du patrimoine des particuliers; publiques, communes ou appartenant soit à des villes & à des communautés, soit à des citoyens, à des étrangers, ou bien à personne; immeubles ou choses mobiliaires; animées ou inanimées; choses sacrées, saintes ou religieuses; corporelles ou incorporelles, allodiales ou féodales, biens propres ou acquis, biens dotaux, biens paternels & maternels &c. Le droit civil traite à cette occasion des droits que les hommes acquièrent sur les choses, c'est-à-dire, des droits réels qui sont entr'autres la propriété & les servitudes personnelles ou réelles. Il distingue les moyens naturels d'acquérir la propriété; tels que sont l'occupation d'une chose qui n'a point de maître, la spécification, l'accession, l'alluvion, la tradition &c; des moyens civils; tels que l'emphytéose & l'usucapion ou prescription, qui bien que contraire à quelques égards au droit de la nature, a cependant été introduite par le droit civil en faveur du bien public, qui exige que la propriété soit certaine & assurée, afin de retrancher les procès, & que les propriétaires soient après un certain temps mis hors d'inquiétude, & à l'abri des risques, & des poursuites de ceux qui méritent de perdre leur droit de propriété, en punition de leur négligence.

Passant ensuite aux engagemens & aux obligations des citoyens, le droit civil détermine & règle tout ce qui regarde les engagemens & les conventions des hommes; lesquels varient à l'infini, & tiennent lieu de loi, quand ils n'ont rien d'illicite ni de contraire aux bonnes mœurs. Ce sont des engagemens tantôt volontaires, & tantôt nécessaires pour l'avantage réciproque, ou pour celui d'un seul des contractans. Ce sont des communications réciproques de travail, d'industrie, d'offices, de secours, de commerce, de biens & d'argent: quelquefois on donne une chose pour une autre: d'autres fois l'un fait une chose pour un certain prix, & un autre la donne gratuitement. Dans toute convention il faut une cause, & le consentement en fait l'essence, aussi bien que la connoissance de ce qu'on fait, la liberté, & la bonne foi.

Il y a des conventions par écrit, ou sans écrit. Il y en a qui sont sous seing privé, & d'autres qui sont faites devant notaire, ou par devant la justice.

Les conventions principales sont le contrat de vente ou d'achat, l'échange, le louage, le bail, l'emphytéose, le prêt à intérêt, le prêt à usage, le dépôt, le sequestre, le contrat de société, celui de mariage, & les autres conventions matrimoniales concernant la dot & les biens paraphernaux d'une femme mariée, la donation, l'ufufruit, l'ufage, l'habitation, les fervitudes, foit de maifons foit d'héritages, les lettres de change, les actes de payemens ou quittances, les tranfactions, les compenfations, les novations, les délégations, les conventions avec ceux qui fe chargent du tranfport des chofes, foit par terre, ou par eau, & autres.

On interprête les conventions par l'intention commune de ceux qui ont contracté, par les ufages des lieux & des perfonnes, par la nature de ce qui fait l'objet de l'engagement & de l'accord, par la plus grande vraifemblance, par la comparaifon du préambule avec ce qui fuit, & par les diverfes claufes de la convention. Dans le doute on favorife celui qui eft obligé à quelque chofe ; ou l'interprétation eft contre celui qui a dû s'expliquer plus clairement.

Quoique la manière précife, dont chacun doit ménager fes intérêts ou exercer fon art, fa profeffion, ou fon emploi, ne puiffe être déterminée on a cependant égard à ce que la bonne foi & l'équité exigent ; empêchant qu'il foit fait tort à qui que ce foit ; & ufant de contrainte autant qu'elle peut avoir lieu. On met toutes les barrières poffibles à la fraude, & à toute voie injufte de s'emparer du bien d'autrui. Pour cet effet on annulle les conventions, où il y a quelque vice essentiel, comme de dol ou de fraude, d'erreur, d'ignorance, de violence, & de malhonnêteté. On accorde des rescissions ou des restitutions en entier à ceux qui sont léfés, soit aux majeurs induits en erreur par des surprises défendues par les lois, soit à des mineurs qui manquent d'expérience. On réprime les libéralités, les aliénations, & tout ce qui se fait par un débiteur en fraude de ses créanciers. On procure les moyens de pourvoir à sa sureté, par les règlemens qui traitent des gages & des hypothèques, des cautions & des fidéjusseurs. On donne un droit de préférence à ceux qui apportent au maintien de leurs droits la vigilance & l'activité requise, ou qui ont par devers eux des raisons pour être préférés : comme est le vendeur qui s'est réservé le droit de propriété sur la chose vendue; le prêteur qui a fourni l'argent pour l'acquisition d'un immeuble ou pour sa conservation; l'architecte & les ouvriers qui ont travaillé à un bâtiment; le voiturier & le batelier qui ont transporté des marchandises; le locateur pour la sureté du loyer; le propriétaire d'une terre par rapport au prix du bail; le seigneur direct par rapport à la rente à payer par l'emphytéose &c.

On favorise pareillement les droits du fisc, les frais funéraires, ceux de justice, les dépôts &c; réglant les effets que chaque engagement doit avoir; & marquant la classe & l'ordre des créaneiers, suivant qu'ils ont des hypothèques simples ou privilégiées; qu'ils les ont fait enrégîtrer, ou négligé de le faire; qu'ils sont nantis de lettres de change, ou qu'ils n'ont que de simples billets: ce qui est surtout d'usage dans les cas de cessions de bien & de déconfiture ou de concours de créanciers. On règle aussi les engagemens & les intérêts de ceux qui sans convention ont des affaires ensemble; comme sont ceux qui ont des choses en commun ou des fonds qui se joignent; ou qui ont fait des payemens par erreur; ou qui ont causé quelque dommage soit par eux mêmes, soit par ceux qui sont dans leur dépendance, hommes ou animaux, soit de propos délibéré, soit par une imprudence, & par une légéreté ou par une ignorance impardonnable.

On pourvoit aussi aux cas fortuits, lorsqu'il arrive du dommage par une chute de maison imprévue, un débordement, un naufrage, ou d'autres accidens qui confondent ensemble des choses qui appartiennent à plusieurs, ou les détériorent.

Comme la communauté universelle des biens, qui seroit sujette à divers inconvéniens, n'a pas lieu, & que la propriété est introduite dans toutes les sociétés civiles, il a fallu songer à faire passer les biens d'une génération à l'autre, afin que ceux qui naissent, ne se trouvassent pas entièrement privés & dépourvus des choses nécessaires à la vie. Il n'étoit pas moins raisonnable d'encourager l'industrie & le travail, en permettant l'usage des testamens, & en accordant la liberté de disposer de ses biens jusques à un certain point. Ces divers motifs fournissent l'occasion de régler tout ce qui regarde les successions tant légitimes ou ab intestat, que les successions testamentaires, & de traiter dans le corps de droit civil privé, des divers ordres de successions ab intestat, & de parler des descendans, des ascendans, des collateraux, des maris & des femmes, du fisc, des testamens *a*), de la légitime due aux enfans qu'il n'est pas permis de passer entièrement sous silence, aussi bien que de celle des ascendans & des frères en certains cas, des codicilles, des donations à cause de mort, des substitutions, & de tout ce qui regarde la matière des dispositions de dernière volonté, comme sont le rapport & la séparation de biens, les successions conventionelles, celles des bâtards ou des aubains &c.

La religion, qui est le principal boulevart de l'Etat, demande surtout de sages règlemens, pour maintenir l'ordre dans le culte public, dans les fonctions de ses ministres, dans l'administration des saints sacremens, dans l'éducation de la jeu-

a) On peut par le moyen des dispositions de dernière volonté exercer la charité envers les pauvres, & montrer encore après sa mort les sentimens dont on étoit animé de son vivant, comme aussi laisser des marques de son affection & de la reconnoissance à ceux qui nous ont donné des témoignages d'amitié.

jeunesse, dans l'union des églises & de tout ce qui concerne le gouvernement & la discipline ecclésiastique. Il en faut encore pour ce qui intéresse la constitution des villes, l'économie, & l'administration de leurs biens, la police générale de l'Etat, les affaires de la guerre & de l'armée, celles des domaines du souverain, les subsides, le commerce, les affaires avec l'étranger, les fiefs, les obligations des vassaux, les droits des seigneurs suzerains, l'investiture, le crime de félonie & autres matières. Sur plusieurs articles du droit il y a des us & des coutumes, que l'on peut conserver lorsqu'elles sont raisonnables, mais qu'il convient de rédiger par écrit.

Dans la plupart des démêlés les parties ne convenant pas des faits, c'est la raison pourquoi il faut traiter des preuves & des présomptions, des preuves par écrit ou par documens, par inspection, par témoins, par serment, par l'aveu & par la confession de la partie.

Enfin comme tous les citoyens ne s'assujettissent pas aux lois, il faut employer la contrainte & les peines, pour obliger ceux qui refusent de s'y soumettre: ce qui engage à traiter des divers crimes & de leur châtiment, comme aussi des personnes employées à l'infliger. Les gens du roi, en particulier le procureur du roi ou fiscal général & ses substituts, sont tenus de veiller au maintien des lois, & de poursuivre avec vigueur & sans relâche tous ceux qui osent les transgresser : pour cet effet, non seulement ils doivent être pourvus des instructions & de l'autorité nécessaires; mais il faut encore les mettre efficacement à l'abri de la mauvaise volonté de ceux qu'ils révoltent contr'eux par leurs poursuites.

Le droit civil privé renferme ainsi tous les droits particuliers dont le nom est pris de ce qui en fait la matière, comme le *droit ecclésiastique* ou canon pour les affaires de l'église & de la religion; le *droit féodal* pour les affaires touchant les fiefs; le *droit criminel* concernant les peines à infliger à ceux qui se rendent coupables de quelque action punissable; le *droit militaire* pour les affaires de la guerre; & ainsi des autres objets du droit privé, pris dans le sens général.

Voilà une foible esquisse de ce qui fait la matière de ce droit, ou des lois générales d'un Etat, pour régler les actions de tous ses citoyens.

Le droit Romain renferme sur la plupart des matières indiquées d'excellentes règles, puisées dans le droit naturel même; & c'est la raison pourquoi tant de nations l'ont adopté & combiné avec leur droit & leurs coutumes particulières. Cependant les partisans du droit Romain ne peuvent s'empêcher de reconnoître qu'il est encore très imparfait. Il y manque de l'ordre; on y rencontre aussi des contrariétés manifestes; & l'embarras est augmenté par la foule de commentateurs qui ont cherché à l'éclaircir, & qui néanmoins se contredisent dans la décision de plusieurs cas. Il est encore défectueux par les subtilités & par les fictions qu'il renferme, & qui sont d'autant plus inutiles, qu'elles sont pour la plupart uniquement relatives au gouvernement du peuple Romain, & aux circonstances dans lesquelles il s'est trouvé. Ce qui rend le droit Romain peu propre à la décision de plusieurs différens qui arrivent dans les Etats où il est reçu, & ne sert souvent qu'à embrouiller les procès, & à fournir aux avocats l'occasion de les faire traîner en longueur.

Il est donc fort à souhaiter qu'on l'abolisse entièrement, après en avoir tiré les principes & les règles, qui sont l'expression de la loi de la raison même, ou des conséquences propres à régler d'une manière équitable les cas que le droit de la nature laisse indécis, pour en faire un nouveau corps de droit débarrassé de tout ce fatras inutile dont le droit Romain est rempli : ce qui, avouons le, n'est pas une tâche facile.

221.

Les lois ne doivent pas se contredire. Il faut qu'elles soient justes, claires, sans équivoque ; qu'elles règlent autant que cela se peut, par l'universalité de leur esprit, tous les cas qui se présentent, afin de ne point exposer ceux qui sont obligés de plaider aux passions des juges inférieurs ; qu'elles soient simples, & tellement à la portée de tout le monde, que chacun puisse y apprendre facilement son devoir ; qu'elles ſoient faites en vue du bien public *a*); & qu'elles contribuent en même temps à celui des particuliers, pour les porter avec d'autant plus d'ardeur à y conformer leurs actions *b*).

222.

Pour faire une juſte application des lois, & leur donner une ſaine interprétation, il faut remarquer.

I. Que les lois naturelles, toujours fondées ſur l'équité, règlent le paſſé auſſi bien que l'avenir, ſans qu'il ſoit néceſſaire de les publier.

II. Que les lois arbitraires ne peuvent ſervir de règles que pour l'avenir, après leur publication *c*), ſoit expreſſe, ou tacite.

a) „Un roi ne doit point faire de loi qui ne ſoit pour le „bien & l'avantage de ſon peuple. *Max. de Louis XI. pour Charles VIII. ſon fils.*

b) Il y a bien des conſidérations à faire lorſqu'il s'agit de dreſſer, ſoit des lois générales, ſoit même un règlement particulier. Il faut non ſeulement un diſcernement juſte; mais il eſt encore néceſſaire qu'on ſoit parfaitement au fait de tout ce qui doit entrer dans la loi, du but que l'on ſe propoſe, & de l'effet auquel on a lieu de s'attendre; ſans quoi l'on court riſque de porter quelque coup funeſte à l'Etat. Il eſt très fâcheux d'apprendre, par une triſte expérience, à ne confier le ſoin de dreſſer les lois & les règlemens, qu'à ceux qui ſont d'une capacité reconnue, & qui poſſèdent à fond les matières ſur leſquelles les lois doivent rouler.

c) La publication des ordonnances ſe fait, ou dans les temples, ou en les affichant dans les lieux publics où chacun eſt à portée d'en prendre connoiſſance. Pour les répandre encore mieux il faudroit en faire un précis, & les faire lire dans les écoles. Dès leur enfance les citoyens y apprendroient leurs devoirs comme membres de la ſociété & de l'Etat.

III. Que les lois reçoivent leur interprétation les unes des autres, & que les ordonnances anciennes, aussi bien que les lois, les usages, & les coutumes des lieux voisins, peuvent éclaircir les nouvelles lois.

IV. Que dans le doute les lois sont présumées utiles, bien qu'elles soient sujettes à quelques inconvéniens; & qu'on ne peut agir contre l'intention manifeste du législateur quoiqu'on en ignore le motif.

V. Qu'il faut juger du sens & de l'esprit d'une loi par toute sa teneur, par son préambule, par sa rubrique, & par la liaison qu'elle a avec ce qui la précède & ce qui la suit.

VI. Qu'il faut s'attacher au sens de la loi, lorsqu'il peut être clairement connu, plus qu'aux termes, & suppléer au défaut de l'expression par l'esprit de la loi & par l'intention du législateur. Mais lorsqu'un juge ne peut en connoître le sens, il faut qu'il le demande au souverain même, ou au conseil autorisé à donner la déclaration de ses lois; le souverain pouvant seul en mitiger la rigueur, ou l'aggraver, suivant que les circonstances le requierent.

Cette déclaration est surtout nécessaire lorsqu'une loi paroît contraire au bien public; ou qu'elle semble blesser l'équité naturelle; lorsqu'elle est énoncée en termes trop vagues ou trop obscurs; ou que l'on croit y appercevoir une contradiction, soit dans le sens, soit dans les termes mêmes.

VII. Que les lois répriment non seulement ce qui est opposé à leur disposition, mais aussi ce qui blesse indirectement leur intention ; de sorte qu'il est permis d'y suppléer ce qui y est manifestement compris, & qui est une suite de la disposition.

VIII. Qu'il faut soigneusement distinguer les lois générales ou communes à divers sujets, de celles qui ne conviennent qu'à un seul, pour connoître parfaitement les exceptions dont elles sont susceptibles.

IX. Que par conséquent les lois qui favorisent la religion, les mœurs, la liberté publique, doivent recevoir toute l'étendue dont elles sont susceptibles ; au lieu que toutes celles qui paroissent déroger au droit commun, ou à la liberté naturelle, & avoir une rigueur qui demande qu'on y apporte quelque tempérament d'équité, doivent être plutôt restreintes qu'étendues, & doivent être renfermées dans l'objet qui y est clairement exprimé.

X. Que les lois en général sont faites pour ce qui arrive communément, & non pour un seul cas ; & que pour en saisir le véritable sens, il faut en bien approfondir les principes.

223.

Tout Etat où les lois sont sans force & sans effet, est un corps sans ame. Il est sur le bord du précipice.

224.

Les lois de la nature & de la religion sont immuables; mais il n'en est pas de même de plusieurs lois civiles: cependant il est dangereux d'abolir trop facilement les anciennes lois, tout arbitraires qu'elles sont. On ne doit y venir *a)* qu'après avoir bien pesé l'avantage qui en résulte. Charondas ne permettoit de proposer quelque changement à faire aux lois reçues que la corde au cou; pour être étranglé, si le changement proposé n'étoit pas approuvé. Il faut néanmoins convenir qu'un législateur ne pouvant tout prévoir, le temps & l'expérience peuvent seuls faire juger de l'utilité de plusieurs lois arbitraires. D'ailleurs quelques-unes de ces lois sont relatives aux circonstances, & quand ces circonstances viennent à changer, l'observation des lois qui s'y rapportent, exposeroit souvent à divers inconvéniens; de sorte que le bien public même peut en exiger l'abolition, & alors il n'y a pas à balancer *b)*.

―――――――――――

a) „Quand une fois on a reçu de bonnes lois, il n'y faut „rien changer. *Platon.* Mais, au reste, il y a souvent dans un Etat des coutumes bizarres & déraisonnables, qu'il seroit très imprudent de tolérer; d'un autre coté l'attachement opiniâtre que les peuples ont quelquefois pour de pareils usages, oblige à bien des circonspections, pour les faire revenir insensiblement de leurs préventions. Un coup d'autorité peut dans de semblables occurrences avoir des suites fâcheuses.

b) Voyez la fin de la remarque précédente.

225.

Un prince qui est le premier à transgresser les lois, peut-il espérer *a)* de les faire respecter? D'ailleurs sur plusieurs esprits l'exemple fait plus d'impression que la crainte, & un souverain est bien louable de faire par sa conduite la censure de celle de ses sujets *b)*.

226.

On porte les hommes à se soumettre aux lois, par la crainte & par l'espérance. La crainte est excitée tant par les menaces que par les châtimens mêmes, & l'espérance par les promesses & l'assurance des récompenses.

227.

Les peines & les récompenses sont donc nécessaires pour obtenir l'observation des lois. Ce sont les ressorts que les souverains ont en

---

a) Le gouvernement ne peut être bon, si le prince n'obéit à la loi. *Platon.*

> Primus jussa subi; tunc observantior æqui
> Fit populus, nec ferre negat, cum viderit ipsum
> Auctorem parere sibi. Componitur orbis
> Regis ad exemplum. Nec sic inflectere sensus
> Humanos Edicta valent quam vita regentis.
>   Claudianus de 4 consulatu Honorii.

b) „Les rois sont au dessus des lois, cela est vrai; mais „ils ne doivent rien faire contre les lois; & ils sont d'autant „plus obligés à les respecter que s'ils y manquent, leur au„torité est mal affermie. Car un roi qui viole & enfreint „les lois, donne un très mauvais exemple à ses sujets, & „doit en craindre les suites. *Maximes de Louis XI. pour Charles son fils.*

main pour mettre les hommes en mouvement, & les engager à répondre à leurs vues.

228.

Il y a diverses sortes de châtimens. Les uns tendent à la diminution, ou même à la privation entière des biens des criminels; ce sont les amendes, les confiscations. Les autres blessent le désir de l'estime & l'amour propre, en couvrant de honte & d'infamie. D'autres enfin ont en vue de faire souffrir le coupable dans son corps: ce sont les *peines corporelles*, que l'on appelle *capitales* lorsqu'elles privent de la vie.

229.

Les châtimens doivent toujours être dictés par la justice, & proportionnés à la grandeur & au nombre des fautes, en faisant attention tant au mal que les coupables ont fait à la société, qu'à la facilité *a*) qu'ils ont eue à les commettre. Pour bien saisir les limites, dans lesquelles il faut se renfermer en infligeant les peines, il ne faut pas perdre de vue qu'il s'agit du maintien de la tranquillité publique, & d'empêcher tout ce qui peut s'y opposer, & la troubler.

230.

Il vaudroit beaucoup mieux ne point faire de lois, que de négliger de les faire obser-

a) On punit dans quelques Etats très rigoureusement les vols domestiques, & ceux qui se font dans des lieux publics; tels que sont les églises, &c. pour empêcher, par la sévérité des peines, qu'on se laisse tenter par la facilité de commettre le crime.

ver *a*). Laisser la transgression des lois impunie, c'est les exposer au mépris, & leur ôter toute leur autorité; c'est favoriser le vice, & enhardir les hommes à s'abandonner au crime avec plus de licence. En perdant la crainte du châtiment & de la honte, on contracte bientôt des habitudes vicieuses & criminelles.

231.

Quelle n'est pas l'imprudence de ceux qui bien loin de punir le crime, le récompensent même! N'est ce pas encourager à le commettre, & qu'elle licence n'en résulte-t-il pas!

―――

a) „Si la clémence d'un honnête homme le porte à la „bonté, sa sagesse ne le force pas moins à la rigueur; mais „il en est de lui comme d'un habile pilote. On ne lui voit „couper les mâts ni les cordages de son vaisseau, que lors- „qu'il y est forcé par l'orage. Il y a des occasions, où il faut „être sévère, mais jamais cruel; & j'aimerois mieux un „jour de bataille être aimé que craint de mes soldats. *Anti-Machiavel.*

„La clémence est une vertu particulière aux princes; mais „il faut prendre garde qu'elle ne dégénère en foiblesse. „Trop de sévérité fait haïr un prince; trop d'indulgence „peut le rendre méprisable. . . . Comme on ne punit pas „un malfaiteur seulement pour le mal qu'il a fait, mais pour „l'exemple; c'est se rendre coupable que de pardonner des „crimes qui troublent la société civile, ou qui par l'habitude „deviennent contagieux. *Max. de Louis XI. pour Ch. VIII. son fils.* „C'est un grand mal que de vivre sous l'empire „d'un roi sous qui rien n'est permis; mais ce n'en est pas „un moindre que de vivre sous un roi qui permet tout. *L'Idée d'un Roi parfait.*

232.

Un prince fage & prudent n'augmente pas la rigueur des lois; mais il n'en tempère pas non plus la févérité, par une indulgence & une compaffion mal entendue. Il faut que tous les fujets foient intimement convaincus qu'il en eft des lois civiles comme des lois naturelles & divines; c'eft qu'il eft incomparablement plus avantageux de les obferver que de les violer.

„Eft ce un moyen, dit *l'Abbé de St. Pierre*, „de garantir les citoyens de toute injure, que de „laiffer aux méchans, aux injuftes, l'efpoir de „l'impunité? Et n'eft ce pas leur laiffer de l'ef„poir que de donner des graces aux coupables, „& de ne les pas pourfuivre vivement & „conftamment?

233.

Ce feroit un abus énorme des préceptes de N. S. J. C. que de prétendre qu'il a voulu lier les mains aux puiffances, lorfqu'il a recommandé le pardon des injures, & donné d'autres confeils de cette nature, qui ne regardent les chrêtiens que dans leur qualité d'hommes privés, & non en celle de juges qui ont le glaive en main pour punir le crime, & maintenir l'ordre dans la fociété: on ne feroit qu'endurcir les méchans, & les enhardir au crime; par conféquent la fociété ne pourroit fubfifter. Ce n'eft pas affurément l'intention de N. S. qui a ordonné lui-même la foumiffion aux puiffances: d'ailleurs perfonne n'ignore que les vertus d'un homme privé ne font pas toujours celles de l'homme public.

Au reste toutes les vertus obligent la conscience, & produisent une obligation intérieure [a]; par exemple, tout homme est tenu de se soumettre à la peine qu'il a justement encourue. Mais on ne peut employer toujours la contrainte pour porter les hommes à la vertu. Il n'y a que les vices contraires au bien de la société, & qui troublent en quelque sorte la tranquillité publique ou le repos des familles, que l'on réprime par des châtimens. Quant aux pensées du cœur, que Dieu seul connoît & voit à découvert, il est seul en droit de les punir.

234.

La patience & l'indulgence ne doivent avoir lieu qu'en faveur de ceux, qui péchent plus par surprise & par foiblesse, que par malice & de dessein prémédité.

235.

Un prince humain & bon punit avec regret, & fait procéder au châtiment des coupables avec beaucoup de modération; il est facilement touché de compassion, & quand l'intérêt de

---

[a] Socrate tout injuste qu'étoit le jugement, que les Athéniens prononcèrent contre lui, rejetta le conseil que lui donna Criton de fuir, pour se soustraire à la mort à laquelle il avoit été condamné. Il soutint qu'il ne pouvoit le faire sans commettre une injustice envers sa patrie, & sans affoiblir & blesser les lois auxquelles il étoit soumis, & qui doivent être sacrées pour tout citoyen vertueux, qui ne doit jamais

l'Etat n'en souffre pas, il y apporte tout l'adoucissement possible. Jamais il ne se laisse aller à la vengeance, & si pour maintenir son autorité, il est contraint de faire punir ceux qui la blessent, il laisse agir les lois & les magistrats préposés pour les maintenir, sans paroître y entrer pour rien. En un mot la clémence *a)* est sa vertu

rendre à sa patrie mal pour mal, mais l'honorer, & souffrir sans murmurer ce qu'elle ordonne. Voyez *Platon dans le Criton*, & les réflexions tirées du *Phédon* de Mr. Mendelsson rapportées dans la remarque sur l'art. 39.

a) „Il suffit d'être homme pour être sujet à bien des pas-
„sions, & commettre bien des fautes. Ainsi un roi ne doit
„pas toujours punir avec rigueur. Il faut souvent qu'il use
„d'indulgence; & quand il refuse une remission, il doit faire
„connoître que c'est malgré lui, mais qu'il ne peut l'accorder
„sans renverser les lois, qui font la sureté de ses sujets &
„la sienne. *Maximes de Louis XI. pour Charles VIII. son fils.*

„Les bons princes regardent ce pouvoir sur la vie de leurs
„sujets comme le poids le plus pesant de leurs couronnes.
„Ils savent qu'ils sont hommes comme ceux qu'ils doivent ju-
„ger; ils savent que d'autres injustices peuvent se réparer;
„mais qu'un arrêt de mort est un mal irréparable. Ils ne se
„portent à la sévérité que pour éviter une rigueur plus fâ-
„cheuse qu'ils prévoient, semblables à un homme qui se laisse
„retrancher un membre gangréné. *Anti-Machiavel.*

Du temps de Tibere on fit un règlement de n'enrégistrer les arrêts de mort que dix jours après qu'ils auroient été donnés pour laisser ce temps-là à la clémence du prince. *Annales de Tacite.*

„Il faut épargner la vie des criminels, quand on croit pou-
„voir les corriger par d'autres châtimens: mais on gagne
„doublement quand on fait mourir ceux que l'on croit incor-
„rigibles. On ôte un méchant homme de la république, &
„l'exemple sert à corriger les autres. *Platon.*

favorite; elle le porte à fuir tout ce qui pourroit faire croire qu'il a du penchant à la cruauté, & attirer sur lui la haine du public.

236.

Les peines accompagnées de confiscation de biens, ne manquent pas d'être suivies de la haine de tous ceux qui avoient droit à ces biens, & qui s'en voient privés, aussi bien que de tous ceux qui s'intéressent à la misère où ils sont réduits. Il ne faut donc en venir là qu'à la dernière extrémité.

237.

Il y a surtout de la dureté & de l'inhumanité, à faire tomber le châtiment & l'infamie sur l'innocent a) comme sur le coupable; je ne sai pas même, si l'espérance de prévenir les crimes peut autoriser une pareille rigueur. La crainte d'être enveloppé dans la ruine d'une famille peut, à la vérité, engager à veiller les uns sur les autres, & à se tenir dans les bornes du devoir & de ce qu'exige le salut de l'Etat: mais tout dépend des circonstances; & il faut concilier, autant que cela se peut, les divers devoirs, tant ceux que

―――――――――

a) „Ciceron disoit à César: Vous n'avez rien de plus „grand dans votre fortune que le pouvoir de sauver tant de „citoyens, ni de plus digne de votre bonté que la volonté de „le faire. Il faudroit donc que les peines qu'un prince in„flige fussent toujours au dessous de l'offense, & que les ré„compenses fussent toujours au dessus du service. *Anti-Machiavel.*

l'humanité & la juſtice preſcrivent, que ceux auxquels la ſureté de l'Etat oblige.

238.

Les inconvéniens attachés aux peines pécuniaires ſont, qu'elles rejailliſſent ſouvent ſur les enfans de ceux qui y ſont condamnés; & d'ailleurs elles n'affectent guères que les pauvres. C'eſt là la raiſon pourquoi les Japonnois n'infligent point de peines pécuniaires. Il faut donc avoir égard aux perſonnes, & aux ſuites de ces peines, pour juger quand il peut y avoir lieu.

239.

Il y a bien des ménagemens à garder, lorſqu'il s'agit d'infliger des peines à toute une communauté, à tout un corps, compoſé d'un grand nombre de perſonnes. Le remède eſt quelquefois pire que le mal. Il faut dans des cas de cette nature uſer d'une grande prudence. On ſe contente de châtier les plus coupables & les plus mutins. Quelquefois on fait mine de reconnoître l'innocence des autres, pour les engager à juſtifier, par une meilleure conduite, le jugement que l'on a paru porter ſur leur ſujet. Quand on a lieu de ſe convaincre qu'un acte d'autorité ne feroit qu'empirer le mal, il faut procéder à la réformation de la diſcipline avec toute la circonſpection poſſible, & ſe contenter de remédier, aujourd'hui à une choſe, & demain à une autre: l'on arrive ainſi inſenſiblement au but que l'on doit ſe propoſer. Et lorſqu'il s'agit de réformer toute une nation, il faut avoir étudié parfaitement son génie & ses mœurs, pour prévoir les succès que l'on peut se promettre de son entreprise, & faire un choix judicieux des moyens les plus propres pour y réussir.

240.

Les mêmes crimes, les mêmes vices, ne demandent pas toujours les mêmes châtimens, & l'on a égard aux progrès qu'ils ont faits dans une société, & aux barrières qu'il est nécessaire de leur opposer dans chaque lieu. Ainsi l'on punit le vol suivant qu'il devient plus ou moins fréquent, & que l'on a de facilité à le commettre.

241.

Les peines ont plusieurs fins. Les unes sont infligées pour corriger les coupables; les autres pour servir d'exemples *a*), & intimider ceux qui seroient portés à imiter leur conduite criminelle: alors il est nécessaire qu'elles soient

---

a) Pour atteindre ce but, toute la cérémonie se passe avec la gravité & la décence requises pour un acte de cette importance. On lit la sentence à haute voix, afin que les spectateurs l'entendent, & soient convaincus de la justice de la condamnation. Le lieu du supplice est ordinairement hors de la ville à une certaine distance, afin d'augmenter par la longueur du chemin l'angoisse du criminel, & que peinte d'autant mieux sur son visage, elle fasse plus d'impression sur la foule qui l'accompagne, & porte à redouter un pareil sort. C'est dans la même vue que l'exécution se fait sur un échaffaut assez élevé, où elle est visible à tous les spectateurs; & que le cadavre reste pendu au gibet, ou est attaché à une roue:

infligées en public, avec tout l'appareil capable d'inspirer de la crainte, & de jetter de la terreur dans les esprits de ceux qui en sont les témoins. D'autres peines enfin sont destinées aux personnes endurcies dans le crime, chez qui il n'y a plus aucune espérance de conversion. Il faut leur ôter tout moyen de nuire. Telles sont les peines capitales, qui sont souvent d'une nécessité absolue, pour empêcher des désordres & des crimes atroces qui résulteroient immanquablement d'une indulgence déplacée. Quelques moralistes désaprouvent les peines de l'exil & de l'infamie, qui en exposant les coupables à la tentation de continuer leurs déréglemens & leur brigandage, les font passer dans les pays voisins, où comme des brebis infectées elles portent la contagion. Ne vaudroit-il pas mieux en effet les enfermer, & les occuper à des travaux publics & utiles à la société?

242.

Il ne faut pas confondre de justes châtimens avec un gouvernement cruel. Un souverain se montre le père, & non l'ennemi de son peuple. S'il est obligé d'user de sévérité, on a lieu de se convaincre que c'est à regret. D'ailleurs comme

---

roue: on le jette aussi quelquefois à la voirie, pour donner à connoître, qu'un homme coupable d'un crime digne de mort, ne mérite pas d'être enterré honorablement dans un cimetière; mais que s'étant conduit en vraie brute, ses os doivent après sa mort être confondus avec ceux des animaux.

je l'ai dejà remarqué, c'est par des tribunaux impartiaux, établis pour l'examen & la punition du crime, qu'il fait pourfuivre les criminels. Ce font ces tribunaux qui dictent la fentence, & qui la font exécuter. Il faut cependant que le fouverain l'ait confirmée. Au refte, s'il y fait quelque changement, c'est plutôt pour l'adoucir lorfque le bien public ne s'y oppofe pas, que pour l'aggraver.

243.

Les récompenfes ne font pas un moyen moins efficace que les peines, pour porter les hommes à l'obfervation des lois & à la pratique de la vertu. On peut même affurer qu'un Etat n'eft floriffant, qu'à proportion des récompenfes qu'il peut accorder à ceux qui fe rendent vraiment utiles à la fociété.

244.

Les récompenfes font des avantages qu'on attache à la pratique de la vertu, & qui fervent aux hommes d'encouragement à s'acquitter de leurs devoirs.

245.

L'homme fe plait à être diftingué, & il a plufieurs befoins à fatisfaire. La gloire & l'intérêt font donc des motifs preffans, que le fouverain emploie utilement, pour engager les hommes à feconder fes vues, & à marcher conftamment dans le fentier de la vertu.

246.

On ne sauroit être trop soigneux de distinguer le vrai mérite, & de lui donner des marques d'estime *a*). Il faut le récompenser, dans quelque état, & dans quelque condition qu'on le trouve.

247.

Rien ne décourage davantage les personnes de mérite, que de voir préférer des gens sans vertus, sans talens & sans génie, dans la distribution des récompenses, uniquement parce qu'ils ont pour eux la recommandation d'un favori, ou d'une maîtresse, ou bien un vain nom inutile *b*) à la société, ou une ancienneté dans les charges dont l'Etat a tiré peu de fruits.

248.

Les titres & les marques d'honneur sont des sources de récompenses bien abondantes. C'est un trésor dont l'Etat peut tirer un très bon parti, si l'on en fait un usage convenable. Pour cet effet la prudence ne permet pas de les rendre

―――

a) Les récompenses qu'on accorde à ceux qui ont rendu service à l'Etat sont de vraies justices. C'est dans ce sens que Ciceron dit dans ses offices: *qu'il n'y a point de libéralité où il n'y a point de justice.*

„Un roi ne peut se dire assez souvent qu'il n'est pas le „maître des graces; qu'il n'en est que le dispensateur, pour „les distribuer avec poids & mesure pour le bien de l'Etat. *Maximes de Louis XI. pour Ch. VIII. son fils.*

b) „Les graces & les récompenses ne sont point pour des „hommes qui sont inutiles, & pour ainsi dire à charge à „l'Etat. *Ibidem.*

héréditaires; mais elle veut que ces avantages ne soient accordés qu'aux hommes les plus dignes & les plus capables, à ceux qui rendent à l'Etat de bons services. Car de cette manière ils deviennent véritablement une marque de distinction, & une preuve du mérite.

249.

A quoi servent dans un Etat les dignités & les emplois, si les ordonnances sur le rang sont sans effet? Il seroit utile que dans la société les personnes en charge fussent distinguées par quelque marque extérieure, qui fit connoître l'emploi dont elles sont revêtues. Il y auroit beaucoup plus d'émulation & d'encouragement, pour se mettre en état d'être distingué de la foule, & pour conserver la gravité & la décence de son caractère & de sa dignité.

250.

Si l'on donne des marques d'honneur à des personnes qui ne le méritent pas [a], si l'on permet de les acheter, on en avilit le prix; elles ne peuvent plus exciter l'émulation & servir d'encouragement: quelle perte pour l'Etat!

---

[a]. „Les graces que Dieu nous fait sont toutes gratuites, „parce qu'il ne nous doit rien. Il n'en est pas de même de „celles des rois, elles doivent toujours être accompagnées „de justice. Rien ne décourage d'avantage les bons servi„teurs, ni n'aliène plus le cœur des peuples que de voir les „personnes sans vertu ni mérite récompensées, & des gens „de mérite & de service sans récompense. *Maximes de Louis XI. pour Charles VIII. son fils.*

251.

Des témoignages publics d'approbation, que quelques souverains, les Académies, & en particulier le Parlement d'Angleterre accordent à ceux qui se distinguent dans les arts & dans les sciences, ou par de belles actions, de quelque pays qu'ils soient, sont de puissans aiguillons pour les ames bien nées, & font un magnifique éloge de la manière de penser, & de la noblesse de sentimens de ceux qui s'occupent du soin de les récompenser.

252.

Il convient d'établir divers degrés dans les récompenses, & de n'élever aux degrés supérieurs que le mérite le plus éclatant, & en même temps le plus solide *a*). C'est le seul moyen de bannir l'envie, & de faire désirer aux gens de bien & d'honneur l'avantage d'y arriver.

253.

Une juste distribution des récompenses est en particulier nécessaire en temps de guerre. C'est alors qu'il faut surtout être sur ses gardes, pour ne point décourager le soldat & l'officier. N'auroient-ils pas lieu de se plaindre, si l'on récompensoit, à leur préjudice, des gens qui auroient vécû dans l'oisiveté, pendant qu'ils ont

a) A Rome les récompenses du soldat n'étoient pas arbitraires, & l'on avoit établi différens prix selon la nature des actions. La loi les déterminoit, & ne laissoit par la liberté d'agir par caprice. Il en étoit de même par rapport aux châtimens.

donné des preuves indubitables de courage & d'intrépidité, & qu'ils ont risqué plus d'une fois leur vie pour le salut de la patrie.

CHAPITRE XII.
De l'éducation publique, & des divers moyens d'éclairer & d'instruire les citoyens, & de les porter à la pratique de la vertu.

254.

Une bonne éducation contribue beaucoup aux bonnes mœurs, dispose la jeunesse à l'observation des lois, & rend les citoyens capables de remplir dignement les fonctions auxquelles ils sont appellés.

255.

L'éducation des enfans étant si importante pour le bien de la société, un souverain ne doit pas s'en reposer uniquement sur les soins qu'en doivent prendre les pères & les mères. Il arrive très souvent qu'ils n'ont pas les talens requis pour bien élever leurs enfans, ou qu'ils sont dans l'impuissance de s'acquitter de cette obligation. D'ailleurs plusieurs enfans sont privés de bonne heure de leurs pères & mères. Il est donc nécessaire que l'on prenne les arrangemens convenables pour que la jeunesse, & surtout les pauvres orphelins [a], reçoivent des instructions

[a] „Les orphélins sont les plus sacrés de tous les dépôts. „Il y aura un magistrat chargé de leur éducation, à laquelle „il apportera autant de soin que s'ils étoient ses propres en-„fans. *Platon.*

suffisantes par rapport aux trois objets de l'éducation, *l'esprit*, *les mœurs*, *& la religion*.

256.

L'éducation de ceux qui font destinés au gouvernement de l'Etat, demande une attention toute particulière a). Plus ils doivent avoir d'influence fur le bonheur des citoyens, & plus il convient de les engager dès leur tendre enfance, à travailler à l'acquisition des qualités nécessaires pour bien gouverner.

Un souverain doit donc procurer à ses enfans la connoissance de tout ce qui est essentiel à la science du gouvernement, & ne rien négliger de ce qui peut leur inspirer du goût pour la

---

a) „On doit avoir un grand soin de l'éducation de ceux „qui font destinés au gouvernement, élever leur esprit au „dessus de tout ce que le commun des hommes recherche, „comme les richesses & les voluptés. *Platon.*

„Qui peut gouverner un Etat avec plus de succès qu'un „homme éclairé? C'est le cri unanime que firent les romains „un jour qu'il étoit question de choisir un empereur. *Tacite.*

Les lettres de Mr. le Comte de Tessin sont remplies de traits propres à former un grand prince, & dont on ne sauroit assez entretenir ceux qui sont destinés à commander aux autres. Voyez aussi Saavedra *Idea Principis Christiani*. Ils sont d'autant plus obligés de se mettre au fait de ce qui les peut faire aimer, qu'on se flatte pour l'ordinaire, qu'ils procureront des jours plus heureux, & que comme le dit Me. de Maintenon, *un Dauphin de France n'a jamais tort aux yeux du peuple*; mais il a d'autant plus de tort ensuite, lorsqu'il ne répond pas à l'attente de ses sujets, & qu'ils ont lieu de regretter encore son prédécesseur, tout fâcheux & despotique qu'il étoit.

piété, l'humanité, la bénéficence, la magnanimité, la justice & la prudence. Quel bonheur si les princes s'assujettissoient à l'examen journalier de soi-même, dont l'utilité est si manifeste, & s'ils comprenoient dans cet examen *a)* tout ce qui peut intéresser le bonheur de leurs peuples.

257.

On amène la jeunesse à la connoissance de la vérité & à la pratique de la vertu, par le moyen des écoles publiques.

Il y en a diverses sortes: des écoles ordinaires & inférieures, des écoles illustres qu'on appelle collèges, & des universités.

---

a) Voyez les articles sur lesquels cet examen devroit rouler, dans le traité de Fénélon qui a pour titre: *Directions pour la conscience d'un roi. impr. à la Haie en 1747. in 12.* On peut aisément juger par les fonctions auxquelles ils sont appellés, quelles sont les vues que l'on doit avoir dans leur éducation. On ne doit leur enseigner que les sciences utiles à la société, & dignes du poste qu'ils doivent occuper. S'ils vouloient exceller en d'autres arts & sciences, il seroit à craindre qu'ils ne nuisissent par là aux connoissances & aux talens dont ils ont un besoin indispensable, & que grands dans les bagatelles, ils ne fussent petits dans des choses importantes & essentielles au poste éminent qu'ils doivent occuper. Cyrus vouloit que le premier par le rang le fût aussi par la vertu. Que n'a-t-on pas à craindre d'un prince qui peut tout, & qui ne sait pas commander à ses passions? „La prin„cipale science d'un prince, c'est de connoître les hommes, „de savoir vivre avec eux, de savoir s'en faire aimer & esti„mer, & démêler exactement à quoi on peut les employer; „surtout qu'il ne se méprenne pas au point de confondre „l'honnête homme avec celui qui ne l'est pas." *Lettres sur l'éducation des Princes.*

Dans les écoles ordinaires on apprend aux enfans à lire & à écrire *a*), & on leur enseigne aussi les premières règles de l'arithmétique, & les principes de la religion & de tous nos devoirs. Il seroit surtout nécessaire de fortifier dans les enfans l'amour de la patrie, en leur inculquant bien le dogme de *l'immortalité de l'ame b*), & en leur inspirant du goût pour les biens spirituels. Détachés par là des biens de ce monde, les passions vicieuses auroient moins de prise sur eux, & ils seroient plus disposés à travailler au bonheur de la société. Il faut multiplier les écoles inférieures autant qu'il est possible, à la campagne aussi bien que dans les villes. Elles sont les plus indispensables: établies pour le plus grand nombre, & destinées à donner les premières impressions qui sont toujours les plus vives, elles peuvent contribuer beaucoup à former la jeunesse aux bonnes mœurs.

258.

Dans les collèges on enseigne aux jeunes gens les langues, & les arts libéraux, la grammaire, la rhétorique, la poésie, le dessein & la peinture, la sculpture, l'architecture, la musique, l'arithméti-

---

a) La beauté de l'écriture dépend surtout de l'égalité dans les lettres, dans leur pente, dans leur hauteur, dans leur distance & dans celle des lignes.

b) „Celui qui est bien persuadé de l'immortalité de l'ame, „aimera toujours mieux souffrir l'injustice que la faire. *Platon.*

que, la géometrie, l'histoire générale, aussi bien que celle des hommes illustres, des sciences & des arts. On y joint aussi utilement la connoissance de la mythologie, & des élémens des sciences qu'on appelle supérieures. Enfin il est nécessaire de donner au corps de l'adresse, de l'agilité, & l'on établit pour cet effet des collèges & des académies, où les jeunes gens apprennent à danser, à faire des armes, à monter à cheval &c: mais en général il faudroit que chez nous, comme chez les anciens, on multipliât plus qu'on ne fait les exercices *a*) & les jeux, qui en donnant au corps de la souplesse, fortifient la santé & rendent robustes.

259.

Ne pourroit on pas tirer de grands fruits de l'établissement d'un collège pour les arts mécaniques, où chaque artisan reçût des lumières, au moyen desquelles il pût pousser sa profession au point de perfection dont elle est susceptible. On paroît de nos jours assez généralement convaincu de l'utilité de cet établissement & disposé à le favoriser *b*).

---

a) Ils sont d'une grande utilité pour conserver la santé, donner de la force, & dissiper les noires vapeurs. En général le nombre des mélancoliques & des hypocondriaques seroit beaucoup moindre, si les récréations & les amusemens consistoient surtout dans les exercices du corps.

b) Le digne Mr. Hecker a deja fait diverses dispositions qui sont relatives à ce dessein, dans l'établissement de son école pratique (Real-Schule). Je voudrois que l'on pût

260.

Il feroit auffi avantageux à la jeuneffe de l'occuper de temps en temps à la lecture des ordonnances *a)* de l'Etat: elle apprendroit par là à les connoître fans peine, & les obferveroit dans la fuite avec plus d'exactitude.

261.

La connoiffance des langues favantes a fans contredit une très grande utilité, mais on trouve avec raifon, que dans les collèges on emploie indiftinctement trop de temps à l'étude des langues *grecque* & *latine*, & à l'explication des auteurs profanes. D'ailleurs les maîtres fe contentent fouvent de donner à connoître les termes & les phrafes, fans s'embarraffer de faire fentir la jufteffe des idées & la délicateffe des penfées. Il faudroit appliquer la jeuneffe, plus qu'on ne fait, à l'étude de la langue du pays, dans laquelle on eft appellé à parler & à écrire toute fa vie. Déjà l'on commence dans quelques univerfités à enfeigner les fciences & les arts dans cette lan-

---

engager les artiftes les plus habiles dans chaque art & dans chaque profeffion, à fe faire un point d'honneur d'en enfeigner à la jeuneffe les principes & le mécanifme.

a) Un précis des principaux règlemens accompagné des motifs de leur publication, non feulement ferviroit dans les écoles, après la Bible & le catéchifme, d'un bon livre pour y faire lire la jeuneffe; mais il feroit encore, comme on l'a infinué ailleurs, d'une grande utilité dans les familles, pour mettre les citoyens au fait des ordonnances que la plupart ignorent, quelque intéreffés qu'ils foient à les connoître.

gue. Il est vraisemblable que cette pratique sera avantageuse à l'Etat, & que les écoliers y feront plus de progrès qu'ils ne font, partout où les leçons se donnent dans des langues qu'ils n'entendent la plupart que très imparfaitement.

262.

A quelle torture d'esprit ne met on pas, par exemple, les écoliers, en les obligeant pendant des heures entières à ranger des vers latins, selon les règles de la poësie latine? De quelle utilité la connoissance exacte de la prosodie latine peut elle être à tant de jeunes gens qui n'auront jamais occasion de parler latin, & encore moins de faire des vers dans cette langue? en général on apprend dans les collèges plus de mots que de choses; & l'esprit ne se nourrit que d'idées inutiles au parti qu'ils prendront dans le monde. Au lieu que l'on devroit les appliquer surtout à l'acquisition des connoissances pratiques, je veux parler de celles qui sont nécessaires pour remplir les postes qu'ils doivent occuper dans la société.

263.

Il ne suffit pas d'enseigner la théorie des sciences il faut surtout porter la jeunesse à la pratique de la vertu, *a)* & lui faciliter l'acquisition des qualités qui peuvent la rendre sociable & d'un bon commerce.

---

a) Quelqu'un a dit, & je crois que c'est l'Abbé de St. Pierre, que pour faire connoître aux écoliers „combien il „leur est plus important d'acquérir des vertus que des talens,

264.

Ce n'est pas sans fondement que l'Abbé de St. Pierre s'étonne, qu'il y ait si peu de secours pour l'éducation des filles, quoiqu'il „soit si im-„portant au bien public de multiplier le nombre „des femmes sages, douces, intelligentes, la-„borieuses, prudentes, discretes, complaisantes.

265.

On trouve dans les Universités *a)*, des professeurs pour les sciences qu'on nomme supérieures, qui sont la *philosophie*, les *mathématiques*, la *théologie*, la *jurisprudence* & la *médecine*.

266.

Mais il est essentiel au bien public, qu'il y ait des professeurs particuliers pour enseigner la *morale*, & la *science* du *gouvernement*, qui malheureusement est très peu cultivée. Ceux qui se destinent aux emplois, ne rapportent souvent des

„il faut que les prix des vertus soient moitié plus considéra-„bles que les prix des talens, & leur faire sentir que ce qu'il „y a de plus précieux dans ces prix, ce n'est pas leur valeur, „mais c'est l'honneur d'avoir surpassé tous ses camarades, „ou en vertus, ou en talens: honneur qui sera assuré à l'écolier „victorieux par le certificat imprimé, signé du principal du „collège &c. *Mercure de France Avril 1740.*

a) Mr. de Bielfeld donne pour modèle d'universités dignes d'être imitées celles d'Angleterre. "C'est là, dit-ils qu'ils „ont tous les secours possibles pour devenir savans; professeurs „habiles, bibliothèques publiques, observatoire astronomique, „théatre anatomique, jardin botanique, auditoire public, „manège, salle d'armes, imprimerie, &c. *Inst. Polit. T. I. p. 43. §. 15.*

universités, que des idées confuses d'une science qu'ils devroient posséder parfaitement, pour remplir dignement les charges qui leur sont confiées.

267.

Il seroit très utile à l'Etat, qu'il y eût un département établi pour veiller à l'éducation publique. Il devroit s'occuper à chercher les voies les plus abrégées & les plus agréables, tant pour enseigner que pour apprendre. Ce département pourroit aussi, sur les rapports des régens, parvenir à connoître les différens génies des écoliers, leurs talens & leurs mœurs; tourner leurs études vers les sciences & les arts auxquels ils sont les plus propres; & leur fournir pour cet effet toutes sortes d'encouragemens.

268.

Quel succès peut-on espérer dans ces écoles & ces collèges abandonnés à eux-mêmes, où personne n'assiste aux examens publics des progrès de la jeunesse? Si les chefs & les membres du département qui en a la direction supérieure; si les grands de la terre méprisent ces sortes d'examens; si par leur présence ils ne donnent de l'émulation, tant aux maîtres qu'aux écoliers, s'ils ne s'informent pas de ce qui s'y passe; il s'y glissera mille abus qui rendent inutiles toutes les peines qu'on s'est données, & toutes les dépenses qu'on a faites pour former ces établissemens: excellens lorsque tout le monde s'acquite comme il faut de ses fonctions; mais très peu utiles lorsque chacun fait ce qui lui plaît.

269.

On ne devroit recevoir aux universités *a)* que les étudians munis de bons témoignages de leur conduite & de leur capacité; & ces témoignages ne devroient pas être accordés avec autant de facilité qu'on le fait; parcequ'on encourage par là de jeunes gens à se rendre aux universités avec des forces insuffisantes: d'où il arrive que souvent ils en reviennent aussi ignorans qu'ils l'étoient en y allant.

270.

On ne peut espérer de voir réussir l'instruction de la jeunesse, si l'on ne fait choix de maîtres d'école intelligens, de régens & de professeurs éclairés, qui excellent dans les arts & dans les sciences qu'ils doivent enseigner; qui possèdent le talent de proposer la vérité avec

---

a) Il ne devroit pas être permis non plus aux gens de basse condition, qui sont sans génie & sans talens distingués, de perdre leur temps à des occupations qui ne peuvent leur être utiles pour les professions, ou pour les travaux de la campagne auxquels ils sont plus propres qu'aux études. Ils ne vont aux universités que pour y jouir des secours destinés aux pauvres étudians, tels que sont la table franche, une pension &c; mais ces sortes de bienfaits, qui la plupart du temps sont pris sur les deniers publics, doivent tourner au plus grand avantage de l'Etat, & ne peuvent par conséquent être accordés qu'à des sujets qui le méritent & par leur intelligence & par leur application.

clarté & avec agrément; qui soient humains, polis, complaisans, laborieux, infatigables; qui ayent une conduite honnête, respectable; qui sachent gagner la confiance de leurs écoliers, se mettre à leur portée, leur donner de bons conseils, diriger leurs études, écouter avec patience les doutes & les difficultés qui les embarrassent, & les résoudre avec bonté; enfin qui veuillent bien se donner la peine de se mettre au fait de leurs progrès, & d'avoir avec eux de fréquens entretiens, où chacun réponde aux questions qui lui sont faites sur les matières qui ont été traitées, & apprenne à soutenir son sentiment avec solidité & avec modération.

271.

Comment pourroit-on espérer de trouver des personnes d'un mérite distingué pour ces sortes de places, si on ne les engage à les rechercher par l'assurance des récompenses & des honneurs, ou du moins par la certitude de jouir d'un salaire honnête? En effet les appointemens chétifs qu'on donne à la plupart des régens & des professeurs, & le peu d'honneur qu'on attache à leurs charges, en éloigne les gens de mérite, qui ont presque honte de les accepter. Il convient donc, si l'on veut attirer ceux qui ont des talens, & qui ont déjà donné au public des preuves de leur habileté, de leur assigner des appointemens honnêtes & suffisans, & surtout d'attacher un rang honorable à leurs emplois.

Quel-

Quelles fonctions plus estimables & plus respectables, en effet, que celles qui nous appellent à éclairer les autres, & à les rendre meilleurs?

272.

La discipline des écoles publiques doit être bien réglée; & il est nécessaire que ceux qui en ont la direction, soient revêtus d'une autorité capable de tenir la jeunesse en bride, & de la détourner du mal par la certitude du châtiment.

273.

L'application à l'étude des sciences & des beaux arts procure aux hommes d'insignes avantages *a*). „Cette étude orne l'esprit, adoucit „cette espèce de férocité qui est presque naturelle „à l'homme; elle le rend docile aux lois; elle „l'éclaire sur ses devoirs; elle l'occupe d'une ma„nière agréable & utile: par là l'homme devient „bon citoyen, bon père de famille; la société „profite de ses lumières & de son industrie; les „arts naissent & se perfectionnent; l'émulation „est excitée & soutenue; le peuple vit dans l'abon„dance; & cette abondance élève l'esprit, & lu„donne de nouvelles forces. Mais il ne s'agit pas de ces arts frivoles, ni de l'abus des arts, qui en favorisant le luxe vicieux amollissent & corrompent les mœurs.

a) *Journal Helvétique Avril.* 1739.

Un souverain donc qui veut encourager ses sujets à s'appliquer à l'étude des sciences, des arts & des belles-lettres, favorise l'établissement des sociétés littéraires & des académies, propres à les perfectionner & à répandre la connoissance des découvertes utiles. Il a des bibliothèques fournies des meilleurs livres, & des cabinets où l'on a soin de rassembler ce que les arts & l'antiquité ont produit de plus curieux & de plus intéressant; enfin il ne permet pas, que l'entrée dans ces bibliothèques & dans ces cabinets soit rendue difficile *a)* à quiconque est animé du désir de s'instruire.

274.

Des hommes continuellement distraits par les occupations de leurs charges, ne sont pas les plus propres à la recherche de la vérité. Il faut pour cela des personnes uniquement consacrées à l'étude des arts & des sciences. Le moyen donc le plus sûr de les perfectionner, c'est de composer les académies d'un nombre suffisant de per-

---

a) Il faut qu'il défende, sous peine de son indignation, que ceux à qui il confie la garde de ces trésors & de ces sources d'instruction, se fassent payer pour les montrer, ou pour en permettre l'usage. Le plus sûr est qu'il fasse choix, pour ces sortes d'emplois, de savans affables, d'un accès facile, désintéressés & incapables de bassesse & d'une avidité qui en écarte tous ceux qui sont privés des biens de la fortune, parce qu'ils savent d'avance qu'ils ne peuvent être admis sans qu'il leur en coûte.

sonnes intelligentes dans toutes sortes d'arts & de sciences, & de s'attacher les plus habiles par des bienfaits & des pensions *a*) suffisantes, pour leur permettre de donner tout leur temps à l'étude, & d'augmenter ainsi chaque jour leurs connoissances.

275.

Les avantages que les académies procurent sont considérables. Elles donnent à connoître les progrès que les sciences & les arts ont faits dans le monde, & les ouvrages qui en parlent le mieux; elles apprennent ce qu'ils ont de défectueux & d'imparfait, ce qu'il convient d'y redresser, & comment on peut en venir à bout; elles cherchent la vérité en toutes choses, & ne regardent comme indubitable & vrai que ce qui est appuyé sur de solides fondemens: par où l'on parvient à bannir peu à peu l'ignorance, le fanatisme, & l'esprit de persécution. Enfin elles peuvent par leurs écrits, mais surtout par de fréquentes conférences, où les jeunes gens d'un esprit cultivé devroient être admis, former une pépinière de savans & d'hommes illustres.

276.

Les académies sont occupées à rechercher les principes & les règles des sciences & des arts. Elles font de nouvelles découvertes, ou bien elles profitent des lumières des autres, en re-

―――――――――

a) Combien n'y a-t-il pas malheureusement de savans assez peu scrupuleux, pour perdre entièrement de vue le but pour lequel on les en a gratifiés!

cueillant tout ce qui est fondé sur des expériences incontestables : elles proposent ensuite le tout dans l'ordre le plus naturel. Je me suis souvent étonné que les académies ne soient pas plus occupées, qu'elles ne le sont, de la science du gouvernement, de l'agriculture, des branches ou des parties du commerce qui sont avantageuses à l'Etat, de la population, des maladies épidémiques, des entreprises utiles, soit pour rendre commodes les grandes routes, soit pour porter les manufactures, & d'autres bons établissemens à leur perfection, de la morale, de l'éducation de la jeunesse, & de tout ce qui contribue le plus à l'avantage & au bonheur de la société *a*).

a) Si l'on en juger par la multiplicité des académies qui se sont établies depuis peu de temps en Europe, & des prix qu'elles accordent, ou a lieu de croire que l'on est aujourd'hui assez généralement animé du désir d'étendre les connoissances, & surtout de perfectionner les arts. La France se distingue particulièrement à ce dernier égard : ce qui attire un grand nombre d'artistes à Paris, qui s'y rendent dans la vue de se perfectionner. On y trouve divers encouragemens à la peinture & à la sculpture. Non seulement l'Académie R. de P. & de Sc. distribue des prix de dessein, de peinture & de sculpture; mais on fait plus encore. On envoie à Rome, aux dépens du Roi de France, les élèves qui se sont le plus distingués dans ces arts, pour s'y perfectionner par les desseins des monumens antiques de sculpture & d'architecture, & par l'imitation des ouvrages des grands peintres de l'Italie. Ne pourroit-on pas former quelque établissement qui tînt lieu en quelque façon de ces voyages qui sont fort coûteux ? Il me semble que cela se pourroit, en procurer à nos élèves la vue des belles antiques, des rares tableaux, & des meilleurs estampes, qui se trouvent

277.

L'académie des arts profite des principes & des règles établies par l'académie des sciences, & elle en fait une heureuse application, en exécutant ces règles dans les fréquens exercices, qu'elle prescrit à ceux qui y reçoivent des instructions. Si l'on néglige les arts, on court risque de perdre une des meilleures ressources de l'Etat, & de faire passer chez l'étranger l'or & l'argent, qu'on pourroit employer plus utilement chez soi.

278.

Ceux qui sont appellés à composer les académies doivent tous avoir des lumières & des talens: Il faut non seulement leur assigner, comme aux régens & aux professeurs, des appointemens suffisans pour qu'ils puissent vivre commodément, & se livrer entièrement à l'étude, sans avoir besoin d'embrasser d'autre profession pour subsister. Mais il faut encore leur fournir les moyens de faire des expériences, & de réduire leurs connoissances en pratique. On doit leur subordonner pour cet effet divers artistes & ouvriers, qu'ils puissent voir travailler, & diriger

dans les cabinets des curieux, lesquels devroient être assez bons citoyens pour se faire un plaisir d'en donner communication. On devroit les exposer à certains jours & dans des lieux destinés à cet usage, où les élèves reçussent des instructions d'un habile peintre, préposé pour leur faire remarquer les beautés aussi bien que les défauts des pièces exposées, & les mettre au fait des vrais principes de ces arts.

dans l'exécution des nouvelles découvertes, dont ils voudront faire des épreuves, afin de s'assurer du succès, & d'être mis en état par là de faire des descriptions exactes & détaillées.

279.

Si l'on veut que la vérité se montre à découvert, il faut par une protection efficace la mettre à l'abri de la jalousie, de l'envie, & de la crainte d'être exposée à des poursuites injustes & violentes. Il faut s'opposer à quiconque est assez mal intentionné pour inquiéter ceux qui ont le courage de la rechercher, & de la professer publiquement.

280.

On peut espérer de contribuer à l'accroissement des sciences & des arts, en admettant des savans étrangers au nombre des académiciens, & en les engageant à communiquer les remarques & les observations intéressantes, qu'ils ont occasion de faire dans leurs pays.

281.

Ce seroit une très bonne politique que de donner aux académiciens des marques d'honneur, capables de les toucher d'une noble émulation; mais il ne faudroit les accorder, que lorsqu'ils ont fait effectivement quelque heureuse découverte: en général un service rendu à l'Etat ne devroit jamais rester sans récompense.

282.

Le président de l'académie devroit être un homme distingué par ses connoissances: il seroit bon même qu'il eût quelque teinture de toutes les sciences & de tous les arts; afin de pouvoir d'autant mieux diriger les travaux des académiciens, & les porter à s'appliquer à ce qui peut être le plus utile à la société.

283.

L'académie des sciences, aussi bien que celle des arts, pourroient être subdivisées en classes particulières. Les unes pourroient s'occuper de la *philosophie*, de la *jurisprudence*, des *mathématiques*, des *belles lettres*, de la *physique*, de la *médecine*, de *l'anatomie*, de la *chirurgie* &c. D'autres connoîtroient de la *peinture*, de la *sculpture*, de *l'architecture*, de la *mécanique*, de la *navigation*, du *commerce*, de *l'agriculture*, des diverses *manufactures*. &c.

284.

Selon Wolf on ne peut rien faire de plus avantageux pour le public, que d'établir une académie politique, où la science du gouvernement *a)* soit poussée au plus haut dégré de per-

---

a) Henri IV. avoit proposé à Sully de faire construire dans cette vue un cabinet d'Etat ou grand bureau de politique, lequel devoit contenir divers tiroirs ou layettes, où l'on trouveroit tout ce qui a un rapport prochain ou éloigné à la finance, à l'artillerie, à la marine, au commerce, à la police, aux monnoies, aux mines; en un mot à toutes les parties du gouvernement, intérieur ou extérieur, ecclésiastique & civil, politique & domestique. Chaque partie devoit avoir sa place, où l'on trouveroit facilement sur chaque matière, par le moyen de bons inventaires, les règlemens & ordonnances, les mémoires, les opérations, les

fection. On y feroit occupé à raffembler toutes les lois & tous les bons règlemens des divers Etats. On en tireroit tout ce qui s'y rencontreroit de bon, de judicieux d'utile, & d'une facile exécution pour l'avantage de la fociété. On remarqueroit les abus, & on y remédieroit, en propofant des mefures plus juftes, & des expédiens propres à rétablir l'ordre & à procurer la félicité publique.

285.

Cette académie politique entreroit auffi dans l'examen de tout ce qui peut faire fleurir le commerce, tant intérieur qu'étranger, perfectionner furtout l'agriculture, & encourager la multiplication des beftiaux; elle guideroit par des obfervations fûres & éprouvées le laboureur dans la culture des terres, pour les rendre plus fertiles; enfin elle indiqueroit les productions les plus avantageufes à l'Etat, pour occuper un plus

changemens faits ou à faire, les états & fommaires, les plans, les projets d'amélioration pour le maintien de la difcipline & de la fubordination, & pour la fureté des droits des diverfes conditions, furtout pour celle du marchand, de l'artifan, du berger & du laboureur. On devoit auffi placer dans ce cabinet des modèles & les machines les plus curieufes concernant la guerre, les arts & les métiers. Ce cabinet devoit fervir à ceux qui feroient appellés à l'adminiftration des affaires de l'Etat, pour leur fournir les principes & les règles qu'il faudroit qu'ils fuiviffent dans leur adminiftration, fans la connoiffance defquels ils ne peuvent que faire des fautes continuelles, au préjudice du bonheur de l'Etat & des fujets.

grand nombre d'ouvriers, & établir un commerce qui l'enrichisse. Il seroit surtout avantageux qu'en recueillant les observations, les inventions & les expériences, qui sont d'une utilité manifeste à la société, elle fût mise en état de perfectionner ces expériences par des épreuves *a*) qui assurassent le succès des nouvelles entreprises. Au reste, les académies devroient moins s'occuper de questions abstraites & vaines que de projets utiles. Toutes les disputes, surtout celles qui n'aboutissent qu'à entretenir les divisions, devroient être sévèrement interdites.

286.

Un prince qui protège les savans, & qui cultive & favorise les sciences & les arts, ne fait

---

a) Il faudroit, par exemple, qu'elle fît les frais d'un perçoir tel que celui qu'on a construit en Angleterre & en Suede, pour sonder sans peine & sans de grandes dépenses, dans les entrailles de la terre, les choses qu'il seroit avantageux d'y aller chercher; des charrues, des cultivateurs & des semoirs de nouvelle invention; des épreuves de papier d'une autre matière que celle des chiffons de toile, telles que celles que Mr. Schæffer a faites, & qui peuvent servir du moins aux emballages; des fourneaux ou poêles propres à ménager le bois, tels que ceux que l'Académie de Berlin a fait construire à la recommandation du Directoire Général des finances; des foyers introduits dans le Canton de Zurich dans la même vue; des épreuves de tan fait en Angleterre avec du bois de chêne, qu'on assure pouvoir servir aux tanneurs avec autant de succès que celui qui est fait d'écorce, & de tant d'autres expériences pour la garde des grains & sur d'autres objets qui intéressent la société & tout le genre humain.

pas seulement un bien infini à l'Etat, mais il acquiert encore de la réputation & de l'honneur. La renommée de sa sagesse se répand partout; bientôt chacun s'empresse d'être à portée d'admirer de près un prince qui se distingue d'une manière si glorieuse des autres souverains; on se félicite de l'avoir pour ami; on le consulte comme un oracle; & la confiance que les autres puissances ont en ses lumières, le rend insensiblement l'arbitre de tous les différens.

287.

Quand l'entendement est éclairé, la volonté se porte plus facilement au bien. Cependant pour engager les hommes à suivre constamment la route de la vertu, il est nécessaire de leur rappeller souvent leurs devoirs. Ils s'en écarteroient bien plus encore qu'ils ne le font, si l'on n'avoit soin de les remettre fréquemment devant leurs yeux. C'est à quoi sont destinées les assemblées publiques & religieuses, les prédications, les prières, les cantiques, les hymnes, les bons livres de morale & de religion.

288.

Le vrai culte de la Divinité est sans doute le culte intérieur, le culte du cœur; mais quel homme, plein de l'amour de Dieu & pénétré d'admiration pour ses perfections infinies, & de reconnoissance pour les bienfaits sans nombre dont il le comble, ne cherchera pas à les manifester au dehors? Un cœur touché aime à se répandre, & à exprimer ce qu'il sent: il voudroit animer toute la nature des sentimens qu'il éprouve; le culte public est donc naturel à l'homme. D'ailleurs nous avons un corps & des sens qui ont une grande influence sur notre ame; il faut donc ne point négliger les secours qu'ils fournissent pour nous porter à la perfection, & imprimer en nous les traits qui nous distinguent le plus des autres créatures; tels que sont la connoissance & l'amour de Dieu, accompagné de la vertu. Il faut réduire souvent en actes nos sentimens pour lui. Il faut que tous à l'envi les uns des autres s'encouragent à bien faire, s'instruisent mutuellement, s'édifient, se consolent, & lorsqu'ils ont donné du scandale, le réparent par un retour sincère à la vertu dont ils ont eu le malheur de s'écarter. Quoi de plus respectable qu'une assemblée nombreuse, réunie dans un temple, pour rendre hommage au maître du ciel & de la terre, à laquelle un prédicateur distingué par ses lumières & par une conduite irréprochable, annonce les volontes du très haut; pendant que cette assemblée par l'humble silence, & par l'air décent & attentif avec lequel elle prête l'oreille aux discours de son pasteur, témoigne son respect & sa soumission aux ordres de Dieu? Quoi de plus édifiant que de voir tous ces hommes ployer de concert leurs genoux, pour reconnoître leur néant & leur foiblesse, en la présence de cet Etre suprême, & pour obtenir de sa main bienfaisante les graces inestimables, qu'il dispense à ceux qu'il aime & qui le craignent? Quoi de plus touchant, que d'entendre toutes ces voix réunies exalter & sa grandeur & sa bonté ineffable, & pousser vers le ciel des cris d'amour & de reconnoissance. Spectacle intéressant s'il en fut jamais! S'il ne frappe pas autant qu'il le devroit, c'est que nous sommes sensuels, & qu'il y a ici encore plus pour les yeux de l'esprit que pour ceux du corps. Que sont dans le fond les occupations les plus éclatantes des mondains, bornées au court espace d'une vie qui passe comme la rosée du matin, en comparaison de celles qui se rapportent à toute l'éternité? Au reste, toutes les pratiques d'un culte public bien établi, tel qu'est celui du Christianisme, procurent divers avantages considérables: prières, chant des pseaumes & des hymnes sacrés, prédications, lecture de la parole de Dieu, ce trésor précieux des maximes de vertu les plus excellentes, cérémonies religieuses, tout sert à fortifier en nous l'amour de nos devoirs & l'observation des lois de la société.

Toutes ces fonctions nous amènent à Dieu, & nous lient à nos semblables, en nous mettant devant les yeux nos imperfections & notre dépendance envers l'Etre suprême; elles nous remplissent de plus en plus de vénération pour sa puissance & pour sa Majesté souveraine; elles nous rendent sensibles à nos désordres, & nous engagent à embrasser les seuls moyens que nous avons d'y remédier; elles nous uniffent par le lien de la charité avec tous les hommes qu'elles nous font regarder comme nos frères; & en nous exhortant fréquemment à avoir un attachement inviolable pour toutes les obligations de notre état, elles refferrent d'une manière incomparablement plus efficace que les châtimens & les peines, les nœuds qui doivent fubfifter entre les enfans & leurs pères & mères, les citoyens & l'Etat, les fujets & le fouverain. Mais parmi ces fonctions la plus augufte & la plus utile eft fans contredit la prière. Elle nous remplit de cet efprit de force, d'onction & de feu qui nous unit à Dieu, par un commerce d'amour le plus glorieux dont l'homme puiffe jouir fur la terre, & qui a furtout cet effet falutaire de nous obliger à revêtir toutes les difpofitions, fans lesquelles nous fommes fûrs de ne pouvoir plaire à l'Etre fuprême, & même de l'offenfer par nos fupplications. Rien donc de plus avantageux pour les hommes que de bien régler le culte public & extérieur, & de ne rien permettre qui fente la profanation, ou détruife les effets des grandes fins qu'on doit fe propofer dans fon établiffement, favoir la gloire de Dieu, l'amour du prochain, & le bonheur de l'Etat ou de la fociété.

289.

Dans toute fociété politique & bien réglée on élève des temples affez vaftes & fpacieux pour contenir un grand nombre de perfonnes. On leur donne toute la commodité néceſſaire pour que chacun puiſſe être à portée d'écouter attentivement le prédicateur, ſans être expoſé à un air étouffé, mal-ſain, & à d'autres inconvéniens ſemblables. On conſtruit ces temples avec toute la régularité & la magnificence qu'exigent la dignité des fonctions qu'on y exerce, & la beauté des bâtimens publics qui ſervent en même temps d'ornemens aux villes. Le nombre en eſt réduit à de juſtes bornes, en ſorte cependant que chaque particulier puiſſe avoir ſa paroiſſe, où il ſoit admis à aſſiſter au culte divin. Ce ſeroit à la charge du public que l'on augmenteroit trop le nombre des temples; parcequ'il faudroit multiplier ſans néceſſité les miniſtres & les paſteurs, auſſi bien que les frais pour leur entretien.

290.

A l'égard des jours marqués pour s'aſſembler dans les temples, & pour vaquer au ſervice divin, ils doivent être aſſez fréquens, pour ne point laiſſer rallentir la piété: mais c'eſt une mauvaiſe politique, que d'en augmenter ſi fort le nombre, que la ſubſiſtance de l'ouvrier, obligé de les célébrer par l'interruption de ſon travail, ſoit rendue par là beaucoup plus difficile.

291.

Ceux qui négligent le culte de la Divinité, & qui ſans raiſon légitime s'abſentent des ſaintes aſſemblées, ſe rendent ſuſpects de libertinage & d'impiété. Ils méritent d'être repris d'une conduite fi peu édifiante, & il eſt de la prudence de les éloigner des emplois publics, juſqu'à ce que l'on ſe ſoit aſſuré de la droiture de leur cœur par un amendement & un retour ſincère à Dieu.

292.

Si le théâtre étoit tellement épuré qu'il ne fût pas une occaſion de licence & de débauche; s'il ne favoriſoit pas l'oiſiveté & le luxe criminel; s'il n'étoit plus une ſource de dépenſe pour les citoyens, & de ruine pour les jeunes gens; ſi les comédies & les tragédies ne renfermoient que de nobles ſentimens dignes de notre imitation; ſi elles nous inſpiroient toujours de l'horreur pour le vice, & de l'amour pour la vertu; un pareil théâtre *a*) ſeroit une école publique, d'autant plus ſalutaire qu'elle feroit ſur nous de plus vives impreſſions.

293.

Il n'y a point de véritable vertu ni de ſolide ſageſſe ſans la *religion b*) qui eſt le reſſort prin-

―――

a) „Le théâtre, dans la vue des grands maîtres, devroit „être un école où chacun apprît à réformer ſes mœurs, „*Journal de Trévoux Oct. 1745.* Auſſi les fonctions des „chœurs chez les anciens étoient en général de prendre les „intérêts de la vertu, & d'inſpirer tous les ſentimens qui „contribuent au bonheur du genre humain. (*ibidem*) Malheureuſement les ſpectacles ſont aujourd'hui des occaſions de diſſipation, de ruine, de débauche, & ſurtout de perte de temps, qui influe beaucoup ſur la décadence des manufactures par la cherté de la main d'œuvre, qu'elle augmente.

b) Ceux qui ſont ſans religion ne font le bien que par la crainte des ſupplices, ou dans la vue de quelque profit qui

cipal des mœurs, & la sauve-garde de la société. C'est elle qui nous donne la connoissance du vrai Dieu, & qui met devant nos yeux les glorieuses récompenses qu'il destine aux hommes vertueux; qui nous enseigne combien il hait le vice, & quelle rigueur il exercera contre les méchans; qui nous sollicite à aimer cet Etre suprême, & à lui donner notre cœur; & qui ramenant toutes nos actions au désir de lui plaire, rend notre vertu plus sûre, plus sincère, & plus constante.

294.

Quel bonheur n'est-ce pas pour la société que l'on soit convaincu de l'existence de Dieu [a])!

leur en revient. „Ce qui, selon Cicéron, ne s'appelle pas „probité, mais industrie. Car, dit-il, celui qui ne craint „qu'un témoin & un juge, que fera-t-il dans les ténèbres, „dans les lieux écartés, où il rencontrera un passant seul & „sans défense, chargé d'or. L'homme qui se conduit par „des principes d'honneur abordera ce passant, l'aidera, le „remettra en son chemin; mais celui qui ne connoît que son „intérêt propre, vous voyez, je crois, ce qu'il fera. Quand „il me voudroit dire, qu'il ne lui ôteroit ni son or, ni la vie, „au moins ne dira-t-il pas que ce qui l'arrête soit la noir„ceur de l'action. C'est la peur qu'elle n'éclate & qu'il ne „la paye. O sentiment qui feroit rougir, ne disons pas des „personnes éclairées, mais les gens même les plus grossiers. *l. de Legibus.*

[a]) Avec quelle force le même Cicéron ne s'exprime-t-il pas sur ce sujet dans le Chap. 7. *II. de legibus.* „Que des „hommes qui vivent en société commencent donc par croire „fermement, qu'il y a des Dieux, maîtres de tout, & qui „gouvernent tout, qui disposent de tous les événemens, qui „ne cessent de faire du bien au genre humain, dont les re„gards démêlent ce que chacun fait, tout ce qu'on se permet „à

Quel bonheur d'avoir pour sujets des citoyens qui le soient par principe, & qui croient manquer à Dieu, quand ils manquent à l'Etat dont ils sont membres. „Nous sommes environnés d'hommes „plus forts que nous (dit l'ingénieux auteur des *Lettres Persannes*) „Ils peuvent nous nuire en „mille manières différentes; les trois quarts du „temps ils peuvent le faire impunément. Quel „repos pour nous, qu'il y ait dans le cœur de „tous les hommes un principe intérieur, qui „combat en notre faveur, & qui nous met à „couvert de leurs entreprises".

295.

Il n'y a point de religion dont la doctrine soit aussi sublime & qui fournisse à l'homme des motifs si forts & si puissans pour faire le bien

„à soi-même, dans quel esprit, avec quels sentimens on „professe la religion, & qui mettent de la différence entre „l'homme pieux & l'impie. Peut-on nier que ces senti- „mens-là ne soient d'une grande utilité, lorsqu'on voit dans „combien d'occasions le serment est le sceau de nos paroles, „pour combien la religion entre dans la foi de nos alliances, „combien de crimes la crainte d'une punition divine a dé- „tournés, & combien est sainte une société d'hommes per- „suadés qu'ils ont au milieu d'eux & pour témoins les dieux „immortels? *Traduction de l'Abbé d'Olivet.*

Sunt qui in fortunæ jam casibus omnia ponunt,
Et nullo credunt mundum rectore moveri,
Natura volvente vices & lucis & anni,
Atque ideo *intrepidi* quæcunque altaria tangunt.
Juven. Sat. XIII.

que la *religion chrétienne* ^a). Quelle morale surtout que celle du Chriſtianiſme! y en eut-il

---

a) Voyez Mr. Mellot dans l'un de ſes *Diſcours Académiques*, où il fait voir avec beaucoup de force les préjugés funeſtes auxquels les incrédules ſe livrent:

1. par rapport aux myſtères de la religion, quoiqu'ils levent des difficultés qui ſont inſurmontables ſans la révélation;

2. par rapport aux abus que l'on a fait de la religion, quoique l'abus qu'en ſont des hommes dont le jugement & les mœurs ſont dépravés, n'en altère aucunement la pureté;

3. par rapport aux progrès des ſciences & des arts, quoique l'Evangile n'y mette abſolument obſtacle.

4. par rapport aux cruautés auxquelles des fanatiques ſe ſont portés, quoiqu'elles ſoient manifeſtement contraires aux préceptes & à la ſaine doctrine de la Religion chrétienne, qui ne reſpire que douceur & que compaſſion pour le prochain. Bien loin que Jéſus-Chriſt autoriſe ſes diſciples à exercer des violences pour établir ſa religion, il leur apprend au contraire que c'eſt à eux à ſouffrir, & il les y prépare de la manière du monde la plus forte & la plus affectueuſe. Voyez les Chapitres XV & XVI. de l'Evangile ſelon S. Jean. Comment peut-on y méconnoître la ſincérité de N. S. & ſa véracité, qui ne laiſſent aucun doute raiſonnable ſur ſon intégrité, & par conſéquent ſur la divinité de ſa miſſion? Ces préjugés des incrédules prouvent combien peu ils connoiſſent la religion de Jeſus-Chriſt. Auſſi l'on ne trouve parmi eux, à l'exception d'un petit nombre de déiſtes de bonne foi qui emploient des raiſonnemens ſuivis, que des déclamations indécentes qui décèlent leur ignorance, leur malice, & leurs deſſeins pernicieux dans les efforts qu'ils font, pour éteindre dans tous les cœurs les ſentimens de piété, qui ſont l'unique conſolation des malheureux, & le plus ferme appui de la ſociété. En effet la religion eſt utile au particulier qu'elle anime, & qui en obſerve religieuſement les maximes. Elle épure ſon cœur & ſes ſentimens. Elle lui inſpire l'amour de la vertu, règle tous ſes déſirs, & lui

jamais de plus conforme à la *religion naturelle*, dont elle porte les préceptes au dernier degré de montre la voie la plus sûre pour arriver au bonheur, & pour obtenir l'amour de Dieu & l'affection des hommes vertueux. En lui permettant la jouissance des plaisirs honnêtes & des récréations innocentes, elle n'en écarte que ce qui affoibliroit les forces du corps & de l'ame. Elle le dirige dans l'usage raisonnable des richesses & des honneurs, & le délivre des doutes, de la perplexité & des remords. Elle le convainc des vues bienfaisantes de Dieu sur lui, & de la nécessité de se soumettre à sa volonté, toujours disposée à procurer son plus grand bien; de façon que sûr de sa protection il se repose sur sa divine providence avec une entière confiance, & jouit de la tranquillité d'ame & d'une situation vraiment délicieuse. C'est la religion qui lui fournit les vraies sources de la paix de l'ame, & l'assure d'un avenir heureux. Il voit arriver la mort sans en être troublé, parce qu'il peut l'envisager comme une nouvelle naissance qui le met en possession d'un bonheur infini. L'impie, au contraire quelque affermi qu'il se croie dans son impiété, est souvent, dans la santé aussi bien qu'à l'article de la mort, agité de doutes cruels qui le troublent & l'inquiètent. Tous ses plaisirs sont de courte durée. Etant sans frein il donne dans des écarts toujours suivis de dégoût, de maux & de douleurs cuisantes, de honte, du mépris des honnêtes gens, & de désespoir. Abandonné à lui-même & sans espérance d'un avenir plus heureux, il regarde le trépas comme une triste nécessité, & il est toujours privé de ces douces consolations, qui répandent dans l'ame du vrai chrétien la sérénité, au milieu même des traverses & des afflictions inséparables de la condition humaine.

Mais la religion est surtout utile aux royaumes & aux républiques. Par sa nature même elle produit en leur faveur les effets les plus avantageux. Tous ses préceptes tendent au bien de la société, & inspirent les vertus les plus solides & les sentimens les plus propres à entretenir la paix avec nos semblables. Elle nous apprend que la vraie gran-

perfection ? Ainsi à n'envisager même la religion Chrétienne qu'en politique, il est de l'indeur de l'homme consiste dans l'élévation de sentimens, & dans les actions louables de bienveillance pour le prochain. Elle le porte à imiter Dieu dans ces actes admirables d'amour & de charité dont il nous a donné des preuves si éclatantes. Toutes les démarches des chrétiens doivent répondre à l'excellence de leur céleste vocation, & fortifier en eux les sentimens d'humanité, de bienfaisance, de compassion pour les malheureux, & d'attachement pour l'Etat dont ils sont membres.

Le magistrat convaincu qu'il doit à Dieu le compte de ses actions, s'efforcera de gouverner avec justice & dans la crainte du Seigneur, pour ne point attirer sur lui les malédictions que Dieu prononce contre les mauvais juges. Les peuples pénétrés de la beauté des préceptes du Christianisme, n'obéiront pas servilement, mais par un principe de conscience, seul capable de retenir efficacement les hommes dans leur devoir, lorsqu'ils n'ont plus aucun autre frein. Les Chrétiens qui agissent par ce principe, sont bien éloignés de chercher à se soustraire à leur légitime souverain, qu'ils ont appris à respecter comme celui qui tient la place de Dieu sur la terre : aucune considération humaine ne peut ébranler un vrai chrétien dans la fidélité qu'il doit à l'Etat. La religion est le plus ferme appui du trône ; & l'on ne sauroit en affoiblir le sentiment dans le cœur des citoyens, sans rompre la chaîne qui les unit entr'eux, & le lien qui les attache à la patrie. C'est lorsque la religion règne dans les cœurs que nos droits & nos divers intérêts sont en sûreté. C'est elle qui exige de la manière la plus forte la sincérité & la bonne foi dans les promesses & dans les conventions ; qui déracine de tous les cœurs les passions les plus incompatibles avec la bienveillance pour ses semblables & contraires au bien public ; & qui extirpe entièrement, même les vices qui s'opposent à la douceur & à l'agrément de la société. Agir par des considérations purement humaines, c'est le partage d'une ame vulgaire ; mais se déterminer, selon le

térêt de l'Etat & du souverain de la maintenir & de la protéger de toutes ses forces.

précepte de St. Paul, par un principe de conscience, par amour pour Dieu & pour le prochain, c'est la tâche du vrai Chrétien dont la foi est opérante par la charité. D'où viennent les désordres dans la société ? N'est ce pas de ce qu'il y a si peu d'attachement sincère à la religion ? Les traits odieux qu'on lance contr'elle sont ils puisés dans l'Evangile ? Ne le sont-ils pas plutôt dans les travers & dans les vices de ces hypocrites qui en abusent indignement pour arriver à leurs fins ? Mais ne s'ensuit-il pas de là évidemment, qu'il n'y a point de bonne foi dans le procédé des incrédules, en prenant pour la religion les abus qu'en ont fait les hommes pervers, & en s'autorisant de leurs déréglemens pour employer contr'elle les sarcasmes les plus insultans & en même temps les plus mal fondés ?

Les Etats & les sociétés ont une raison toute particulière pour faire régner chez eux la piété & les bonnes mœurs. Il est très probable que n'existant pas les mêmes dans une autre vie, elles reçoivent sur cette terre les châtimens qu'elles ont méritées par leurs crimes. L'Ecriture Sainte, & même l'expérience de tous les siècles, nous apprennent que si Dieu ne punit pas d'abord un peuple vicieux & criminel, c'est, ou pour lui donner lieu de se repentir, ou pour exercer sur lui, s'il ne se repent pas, des châtimens d'autant plus épouvantables. *Tillotson. Reimarus.*

Au reste, le pays de Brandebourg fournit une preuve convainquante des fruits précieux de la piété que le Grand Electeur Fréderic Guillaume, & à son imitation ses successeurs & ses sujets, ont témoignée dans la réception des réfugiés de France pour cause de religion. Quels n'ont pas été depuis cette époque les accroissemens de cette auguste maison ? & qui ne s'apperçoit que les bénédictions du ciel reposent encore visiblement sur elle ? Il est donc indubitable que la religion assure aux nations qui pratiquent ses commandemens, non seulement les avantages qui résultent naturellement de l'observation de la morale chrétienne, mais

296.

Quel ne feroit pas le bonheur d'un Etat composé de vrais chrétiens! Quelle fidélité, quelle soumission dans les sujets! quelle sagesse, quelle droiture dans les souverains! quel courage, quelle intrépidité dans le soldat! quelle candeur quelle intégrité dans le magistrat! quel zèle dans le encore les bénédictions de Dieu qui ne peuvent manquer à un peuple principalement occupé du désir de lui plaire, & de satisfaire à tous ses devoirs. Mr. Roustan a fait voir d'une manière solide, dans un ouvrage où il combat les fausses idées de Mr. Rousseau sur le courage & les dispositions des chrétiens dans la guerre, qu'il ne connoît pas suffisamment la religion chrétienne, ni dans ses principes ni dans ses effets. Si chez les payens l'amour de la patrie a porté de bons citoyens à s'oublier, pour ainsi dire, eux-mêmes, & à se sacrifier pour le bien public, n'a-t-on pas encore bien plus de raison de s'attendre à des actions héroïques de la part de chrétiens, persuadés dans leurs consciences, qu'ils y sont appellés par le devoir, & qui sont animés de l'espérance d'une vie infiniment plus heureuse que celle qu'ils exposent pour le salut de l'Etat. Ximenes, ce grand politique espagnol, croyoit pareillement: ,,que la ,,piété, bien loin de diminuer la valeur, contribue beaucoup ,,à l'augmenter, & que l'on est bien plus disposé à s'expo-,,ser à la mort, quand l'on croit être en état de n'en pas ,,craindre les suites. *Hist. du Min. du Card. Xímenez par Marsolier. L. v.* ,,Tout succède heureusement, dit Tite-,,Live, à ceux qui révèrent la divinité; mais rien ne ,,prospère pour ceux qui la méprisent.

Un chrétien n'est aux yeux du sceptique qu'un homme rempli de préjugés. ,,Mais je crains, dit *le Philosophe Bien-,,faisant*, que la philosophie de nos jours, qui veut détruire ,,nos préjugés, ne déracine les vertus, & ailleurs: La reli-,,gion n'a peut-être jamais tant souffert de ses persécuteurs, ,,que de ceux qui la représentent comme un fantôme par ,,ses rigueurs.

pasteur! quelle exactitude dans les citoyens, à s'acquitter de toutes leurs obligations! quel empressement à se secourir les uns les autres, & à se prévenir par des témoignages mutuels d'amour & de charité! Oui, les hommes seroient véritablement heureux! Au lieu de l'orgueil, de l'injustice, de la cruauté, des troubles & des dissentions, on verroit régner l'humilité, la douceur, la patience, la paix, la justice, la charité, la joie. Que seroit la société composée d'impies & d'athées? Quel frein opposeroit-on à leurs cupidités & à leurs passions désordonnées. Vicieux par principes, il n'y auroit ni foi ni loi, ou bien ils agiroient contre leurs principes: ce qui est contre toute vraisemblance; du moins dans les occasions où il seroit de leur intérêt de faire le mal. Que seroit, au contraire, la société d'hommes imbus des vrais principes de la religion Chrétienne? Sans contredit la plus heureuse de toutes les sociétés. Et qu'on n'allègue pas pour combattre ce sentiment, le train de vie de plusieurs de ceux qui se disent chrétiens, & ne le sont que de nom. Tout homme qui ne se contente pas de mots, mais qui a de saines idées de la religion Chrétienne, & qui croit sincèrement à l'Evangile, en observera les lois, & fera tout le bien qui dépend de lui. S'il ne le fait pas, ce n'est pas à la religion qu'il faut s'en prendre, mais aux passions déréglées que l'Evangile combat, pendant que l'athéisme les encourage & les autorise. Peut-on après cela hésiter un moment sur le choix? La religion Chrétienne s'accorde parfaitement avec notre nature, & elle en développe l'excellence; elle nous conduit à la perfection par les plus puissans motifs, que la raison ne faisoit qu'entrevoir; enfin elle influe sur le bonheur des particuliers, & encore plus sur celui des Etats dont on ébranle les plus solides fondemens, en tâchant d'ébranler ceux de la religion.

297.

Qu'on juge par ce qui vient d'être dit des avantages de la religion *a)*, de l'obligation que l'on a à ces prétendus *esprits forts*, qui poussés par un principe de vaine gloire, ou par un esprit de libertinage, ne s'occupent toute leur vie, qu'à faire les derniers efforts pour sapper, s'ils le pouvoient, les fondemens de la religion Chrétienne. Ils privent les malheureux de l'unique ressource qui leur reste dans leur infortune. „Il n'y a, dit le Philosophe Bienfaisant, que la re„ligion capable de changer les peines en plaisirs. N'a-t-on donc pas raison de regarder ces gens là

---

a) Tourner l'art du raisonnement contre le bien de l'hu„manité, c'est se blesser d'une épée qui ne nous est donnée „que pour nous défendre. *Anti-Machiavel.* „Je doute, „dit Ciceron, si d'éteindre la piété envers les Dieux, ce ne „seroit pas anéantir la bonne foi, la société civile, & la prin„cipale des vertus qui est la justice. *lib. de Nat. Deor.* Parler „contre les Dieux, dit-il ailleurs, soit qu'on le fasse sérieu„sement ou non, cela est pernicieux & impie.

comme des ennemis du genre humain, & comme des perturbateurs du repos public?

298.

Qu'eſt ce que le dieu des déiſtes? un être inſenſible qui voit d'un oeil indifférent les vertus & les vices; un être oiſif qui laiſſe aller l'univers *a*) & tout ce qu'il renferme au gré du hazard aveugle; qui abandonne l'homme à lui-même, ſans lui faire connoître ſa volonté, quoiqu'il l'ait doué d'intelligence, & qu'il l'ait rendu capable d'obſerver les lois de la ſageſſe? Eſt-ce là une idée digne du maître de l'univers? ou plutôt n'eſt-ce pas anéantir toute divinité? „Il me ſemble, dit le „Philoſophe Bienfaiſant, que s'imaginer une di-„vinité indolente, concentrée dans l'abyme de „ſes perfections, & ne portant ſes regards que „ſur elle-même, ce ſeroit n'en reconnoître au-„cune". Un ſouverain *b*) donc qui a les vérita-

a) „Si un ſage ſouverain n'a rien tant à coeur que de pré-„venir la licence par de bons règlemens, comment croire que „Dieu qui eſt bien plus ami des hommes, que ceux-ci ne „le ſont de leurs ſemblables, ait laiſſé tout le genre humain „ſans direction, & ſans guide, même ſur les choſes les plus „importantes, & d'où dépend tout notre bonheur. *Burlamaqui.*

Il me paroît démontré que ſans la révélation des vues de Dieu ſur l'homme, mis à l'épreuve ſur cette terre, & conduit par ce moyen au bonheur dont il eſt ſuſceptible, il eſt impoſſible de concilier la ſageſſe & les autres perfections divines dans la formation de l'homme, expoſé ici bas à des malheurs & à des déſagrémens ſans nombre, quelque réglée qui ſoit ſa conduite.

b) Les grands qui vivent mal ſont doublement pernicieux à l'Etat. „Car non ſeulement ils ont des vices, mais ils les

bles intérêts de l'Etat à cœur, s'empresse d'inspirer à tous ses sujets l'amour de la vraie religion, & par un attachement sincère à la piété qui se manifeste dans toutes ses démarches, il la fait respecter de tout le monde.

299.

Le souverain facilite à tous ses sujets la voie du salut, & pour les y conduire *a)* il fait choix

„communiquent; non seulement ils sont corrompus, mais
„ils corrompent, & l'exemple qu'ils donnent est pire que le
„mal qu'ils commettent. Un roi est plus obligé qu'un par-
„ticulier à garder la loi & les commandemens de Dieu, &
„à donner des marques de piété & de religion. Il doit prier
„Dieu pour lui & pour ses sujets, & bien penser que celui
„là veille inutilement pour la cité si Dieu ne la garde. Rien
„n'est plus nécessaire à un prince que d'avoir beaucoup de
„religion, & que ses sujets soient bien persuadés qu'il en a
„véritablement. Ses sujets en seront convaincus, s'ils le
„voient s'acquitter des devoirs d'un bon & véritable chrétien,
„faire connoître Dieu, le faire honorer, travailler à déra-
„ciner le vice, être enfin le soutien des bons & le fléau des
„méchans. *Maximes de Louis XI. pour Charles VIII. son fils.*

a) Le peu de progrès que fait le Christianisme, ne doit-il pas être attribué en bonne partie aux vices & à l'ignorance de plusieurs chrétiens, & même de quelques prédicateurs, peu en état de repousser les traits les plus usés qu'on lance contre la religion, comme aussi au manque de zèle & à la nonchalance de ceux qui seroient en état d'en démontrer la foiblesse. Les uns s'élèvent par orgueil, damnent tous ceux qui n'acquiescent pas à leurs idées, & s'écartent de la prudence que leur grand maître leur a recommandée: mais d'autres au contraire, par une complaisance basse & criminelle, trahissent leur devoir, applanissent mal à propos les voies du salut, & n'osent professer ouvertement la vérité, ni s'opposer au torrent des vices & de l'impiété. Dans les

de prédicateurs habiles, éloquens, & diftingués par leur piété, par leur douceur, par leur humilité, par leur zèle, par leurs lumières, & qui joignent à ces qualités, de l'efprit, du bon fens „une imagination vive, une mémoire fidèle, une „affurance modefte, la *préfence* a) agréable, le „gefte aifé, le fon de la voix net, une véhé-„mence qui touche & qui émeut.

Pour donner du poids à leurs prédications, les pafteurs & les miniftres de l'Evangile ont dans toute fociété bien ordonnée un rang diftingué; & comment pourroit-on avilir des perfonnes chargées de fonctions auffi auguftes que font celles des miniftres de la parole de Dieu, fans témoigner du mépris, ou du moins de l'indifférence pour Dieu même dont ils nous annoncent la volonté. Je voudrois auffi, qu'ils fuffent affez

premiers temps du réfuge nos pafteurs vifitoient leurs paroiffiens, & faififfoient toutes les occafions de les exhorter à la piété & à la pratique des bonnes œuvres. Un pafteur oferoit-il de nos jours faire de pareilles vifites, fans craindre de fe donner un ridicule? Quel changement dans notre difcipline! Cependant fi l'on veut maintenir les bonnes mœurs, il faut encourager ces fortes d'ufages édifians. Il faudroit auffi dans cette vue fe faire donner des liftes, non feulement des communians, mais encore de ceux qui fe diftinguent par la régularité de leur conduite & par la pratique des vertus chrétiennes, pour les employer par préférence dans l'adminiftration des affaires publiques quand ils ont les talens requis. *Voyez la rem. fur l'art. 508.*

a) *Préfence*, terme dont le Père Gaichiés fe fert au lieu d'*extérieur*.

bien payés pour n'être pas obligés d'employer
une bonne partie de leur temps à des occupations
économiques, qui les avilissent & les distraisent
de leurs fonctions pastorales; mais je voudrois
surtout qu'ils fussent toujours aussi respectables
par leur conduite, qu'ils le sont par la commission
dont ils sont honorés. Ceux qui ont accès auprès
des grands sont obligés de s'observer particulièrement, pour ne rien faire ni rien dire qui
rende leur caractère méprisable, & affoiblisse les
sentimens de religion qu'ils sont appellés à leur
inspirer, pour leur propre bonheur, aussi bien
que pour celui de la société, qui y est si intéressée.

300.

Quoique le souverain soit obligé de donner
tous ses soins pour étendre la connoissance de
la vérité, il ne doit employer pour en venir à
bout que la voie de la persuasion, bien convaincu „qu'il n'est pas permis d'être injuste, bar-
„bare *a*), pour faire connoître la vérité, ou

a) Que penser de ces Etats où l'on exerce d'insignes
cruautés contre de fidèles citoyens, uniquement parce qu'ils
ne vont pas à la messe? On n'ignore pas qu'ils ne s'en
abstiennent, que parce qu'ils sont persuadés qu'ils ne sauroient y assister avec innocence. Comment donc peut-on
user de violence pour les forcer d'agir contre les lumières
& les mouvemens de leurs consciences? Peut-on sans fré-
mir se rappeller les maux qu'a causé l'Inquisition,
Ce sanglant tribunal,
Ce monument affreux du pouvoir monacal?
Gracés à Dieu la plupart des princes catholiques recon-
noissent de nos jours les abus énormes d'un zèle aveugle,

„pour bannir l'erreur, dans laquelle on est
„presque toujours innocemment & involontaire-
„ment *a*). C'est *empiéter sur les droits de Dieu*,
que de prétendre régner sur les consciences.
D'ailleurs quel effet la persécution produit elle?
On ne fait que des hypocrites, si l'on ne persuade pas ; & quand un homme par un défaut
de lumière ne peut acquiescer aux sentimens
qu'on veut lui faire recevoir, on n'est pas plus
autorisé à l'en punir, qu'on le feroit à user de
violence contre un homme, qui auroit la jaunisse,
pour l'obliger de déclarer qu'il apperçoit les objets
d'une couleur différente de celle dont il les voit.
Ce n'est que par des instructions & par des exhortations, que l'on peut espérer de ramener à
des idées plus saines les esprits qui s'égarent dans
leurs pensées.

301.

C'est l'orgueil, l'envie, la jalousie, l'avarice,
l'ambition & les autres passions déréglées, qui
occasionnent *l'intolérance* en matière de religion.
„Quoi qu'on en dise, rien n'est moins intolérant
„que l'esprit de la religion, rien ne l'est plus que

& revêtent des sentimens plus humains en faveur de ceux
qui pensent autrement qu'eux en matière de religion. Ils
ont devant les yeux l'exemple de la France extrêmement
affoiblie par les cruelles persécutions qu'elle a fait souffrir
à ses sujets de la religion réformée, & les avantages considérables, qu'en ont retiré les puissances qui les ont recueillis dans leurs Etats.
a) l'Abbé de St. Pierre.

,,la religion d'Etat qui prend la religion pour
,,prétexte *a*).

302.

L'intolérance *b*) cause des maux bien funestes, elle étouffe la voix de la nature & du sang; elle éteint les lumières de la raison & de l'Evangile;

a) Mr. de Mirabeau.
b) Comment un homme intolérant peut-il adopter des principes, pour sévir contre les autres, qu'il rejettera dès qu'on voudra les faire valoir contre lui? Il agit sans de bons principes, ou s'il en a, il est infiniment injuste dans l'application qu'il en fait. Plusieurs politiques soutiennent à la vérité, qu'en accordant à tout le monde la liberté de conscience, on ne doit permettre le culte public qu'à la religion dominante, prétendant que différens cultes publics ne peuvent subsister dans un Etat, sans donner lieu à des troubles & à des dissentions continuelles: mais la Hollande, la Silésie & les autres provinces du Roi prouvent évidemment le contraire. La bonne intelligence s'y soutient si bien, surtout entre les églises protestantes, que je m'étonne qu'on n'en vienne pas à la réunion tant désirée par les gens raisonnables des deux communions, en se relâchant réciproquement sur les deux points tant soit peu importans qui les divisent, savoir la prédestination & la présence réelle, sur lesquels ils sont pour la plupart dans le fond de même sentiment, quoiqu'ils s'expriment différemment. J'espère que l'esprit de charité engagera les puissances protestantes à tâcher d'abolir toute différence, & à défendre toute dispute qui pourroit encore occasionner entr'elles des divisions & des jalousies, ainsi que l'ont fait nos souverains. Ceux qui se regardent comme frères peuvent-ils refuser de manger du même pain, & de boire de la même coupe? Feu l'Evêque d'Avranches étoit persuadé, que les voies de conciliation par rapport aux différens des chrétiens, en matière de religion, seroient faciles, sans les passions & l'intérêt qui s'y opposent. *Huetiana.*

elle produit la haine, la division, le schisme, les persécutions, les supplices; & elle s'oppose aux progrès des sciences par la tyrannie, qu'elle exerce contre ceux qui n'acquiescent pas aveuglément, à des sentimens souvent arbitraires, ou pleins d'erreur & de superstition.

303.

Pourvû qu'on n'aît pas de mauvais desseins, & qu'on agisse de bonne foi; pourvu qu'on ne se plaise pas à répandre une erreur, qui renversant les fondemens même de la religion naturelle donne atteinte à la charité & à la justice, & trouble la paix & la tranquillité publique; pourvu que l'on garde un humble silence sur les matières au dessus de notre raison, & que les loix de l'Etat défendent de discuter pour prévenir les disputes inutiles, tout nous engage à la *tolérance*: l'équité; la charité; l'amour de la paix; le sentiment de notre propre foiblesse; les bornes de l'esprit humain; l'incertitude où l'on doit être par conséquent, si ceux que l'on taxe *d'hérésie*, ne sont pas involontairement & de bonne foi dans l'erreur, & plus agréables à Dieu que nous; l'amour de la vérité, qui veut que l'on ramène avec douceur ceux qui s'égarent du bon chemin; l'exemple que Dieu nous donne dans la conduite adorable & pleine de compassion qu'il tient avec nous; enfin les préceptes de l'Evangile qui ne respirent que débonnaireté & que paix.

304.

„N'eſt il pas vrai, dit l'homme de bien que
„j'ai ſi ſouvent occaſion de citer, que l'uniformité
„dans l'obſervation de la juſtice & de la bienfai-
„ſance eſt incomparablement plus déſirable, que
„l'uniformité dans les opinions & dans les for-
„mulaires". Ce ſage, touché des malheurs que
les diſputes ſur la religion entraînent après elles,
propoſe d'établir un *conſeil de ſilence*, deſtiné à
les aſſoupir dès leur naiſſance.

305.

Mais la tolérance ira-t-elle juſqu'à ſouffrir
dans l'Etat un *athée* déclaré, qui non content
de renoncer aux ſaines lumières de la raiſon *a*),
& de ſe voir dénué de toute conſolation dans
cette vie, & dans celle qui eſt à venir, veut
encore en priver ſes concitoyens, & les infecter
du poiſon abominable de ſes pernicieux ſentimens? Ce ſeroit un abus des plus grands que
de le tolérer, quand même il ſe pareroit exté-
rieure-

---

a) „Pour moi il me ſemble, qu'on doit avoir quelque
„indulgence pour des erreurs de ſpéculation, lorſqu'elles
„n'entraînent pas la corruption du cœur à leur ſuite. *Anti-
Machiavel.*
  Autrefois on n'oſoit faire connoître des ſentimens dangereux & nuiſibles au bien de la ſociété. On s'expoſoit au
mépris de tous les honnêtes gens, & à des peines très ſévéres.
Aujourd'hui on peut en faire parade. C'eſt même un moyen
de ſe faire accueillir du grand nombre. Peut-on mieux
prouver la dépravation du ſiecle? *Mirabeau.*

rieurement de probité & de droiture, rien n'étant plus propre à démentir & à déceler ce dehors hypocrite que de répandre une doctrine qui favorise le déréglement; ôte toute la force au serment si nécessaire, pour découvrir la vérité, & pour affermir les engagemens; rompt les liens les plus forts de la société; & renverse les barrières les plus sûres contre le vice.

Quant au fanatique qui est sans malice, mais qui ne garde aucune mesure, & qui par ses rêveries ne laisse pas de causer des troubles dans la société, le plus sûr seroit de l'envoyer aux petites maisons; jusques à ce que reconnoissant ses mauvais procédés, on pût se convaincre de la sincérité de son repentir d'avoir troublé la paix & la tranquillité de l'église & de la société : souvent il suffiroit de témoigner le mépris qu'on en fait.

306.

Si l'homme, quoique persuadé de l'existence d'un Dieu, s'oublie & s'aveugle assez pour se laisser aller au crime, dans l'espérance qu'il ne sera point découvert, que ne fera point dans de pareilles circonstances un *athée* qui est dénué du plus puissant motif, que nous ayons pour pratiquer la vertu ? Ne sera-t-il pas capable des crimes les plus atroces, dès que son intérêt demandera qu'il les commette ? Qu'est ce qui l'arrêteroit ? L'idée vague du bien & du mal, des suites éloignées & incertaines du vice, feront-elles impreſſion ſur ſon eſprit, & ſeront-elles capables de mette un frein à ſes paſſions vicieuſes, quand il pourra impunément leur lâcher la bride? En vain ferez-vous les meilleurs règlemens, ſi vous ne rendez les hommes bons & vertueux. Ne comptez ſur leur vertu qu'autant qu'ils ſont religieux & remplis de l'amour divin, auſſi bien que d'un vrai mépris pour tout impie qui dogmatiſe, & ſe plait à détruire les ſeuls fondemens du bonheur des hommes.

307.

Il ne ſuffit pas d'éclairer l'entendement, & de régler les mœurs; il faut encore pour le bonheur des citoyens, qu'on veille à la ſureté de leur vie, à la conſervation de leur ſanté, & au maintien de leur liberté; qu'on les préſerve des maux auxquels ils ſeroient expoſés, ſi l'on n'étoit ſoigneux de les détourner; qu'on les garantiſſe des injures & des inſultes; qu'on les favoriſe *a*) dans la jouiſſance & dans l'accroiſſement de leurs biens, & qu'enfin on leur procure toutes ſortes de plaiſirs honnêtes & permis.

a) Parmi ces moyens ſont entr'autres les rentes viagères ou les fonds perdus, les tontines &c. pour leſquels le ſouverain preſcrit certains règlemens, en conformité des calculs qui ont été faits ſur la durée de la vie humaine. Voyez ces calculs dans les ouvrages de Kerſſeboom, King, Halley, le Moyvre, Maytland, dans les *Inſt. Polit.* de Mr. de Bielfeld T. II. p. *298. & ſuiv.* & dans l'ouvrage ſouvent cité de Mr. Suſsmilch.

CHAPITRE XIII.
De l'administration de la justice & de ceux qui y sont employés.

308.

Le principal, le plus important de tous les devoirs du souverain pour la tranquillité de l'Etat, c'est de rendre justice *a*). Ce devoir consiste dans l'obligation étroite dans laquelle il est de maintenir tous les sujets dans la jouissance de leurs biens, de leur vie, de leur liberté & de tous les droits qui leur sont légitimement acquis, & de conserver aux lois toute leur autorité; de s'opposer à la violence, à la fraude, à l'artifice; d'entretenir l'ordre & l'égalité entre tous les sujets; en sorte que tout le monde, le foible comme le puissant, le pauvre comme le riche, puissent vivre tranquillement & en sureté sous sa domination.

---

a) Suivant *Platon* la justice est le soutien des républiques. *Plutarque* assure que sans cette vertu Jupiter même ne pourroit gouverner un Etat. *St. Augustin* regardoit les royaumes dont la justice est bannie comme de vastes retraites de voleurs. *Lib. 4. de Civ.*, & l'Empereur Ferdinand avoit coutume de se servir de cette expression: *Fiat Justitia, & pereat mundus.* Voyez *Ciceron lib. 2. & 3. de Rep.* „Ce n'est „pas assez pour lui (*le roi*) de ne point faire le mal, il faut „qu'il empêche qu'on n'en fasse, & qu'il fasse le bien..... „Un prince doit être attentif à maintenir la paix entre ses „sujets, examiner les requêtes qu'on lui présente, & n'en „accorder aucune qui ne soit juste. *Max. de Louis XI. pour Ch. VIII. son fils.*

309.

Le souverain ne peut connoître par lui même de tous les démêlés, qui surviennent entre ses sujets. Le détail en est immense: il courroit à tout moment risque de se tromper, & de commettre des injustices. D'ailleurs il faut qu'il soit bon ménager du temps, & qu'il l'emploie à régler les affaires les plus importantes de l'Etat. Il a donc besoin d'aide dans l'exercice de ce devoir, & de communiquer son autorité à des juges inférieurs, qu'il revêt du pouvoir de terminer une multitude d'affaires dont il ne peut prendre connoissance; mais il doit témoigner en toute occasion qu'il veut qu'elles soient jugées selon l'esprit & l'intention des lois. Jamais un souverain raisonnable ne se permet de ces coups d'autorité, qui ne sont que des décisions purement arbitraires *a*); mais laissant le cours à la justice, s'il en prend quelquefois connoissance, soit par lui même, soit par son chancelier *b*) & par son

---

a) Voyez les *Réflexions historiques & philosophiques d'un Jurisconsulte sur les formalités de la Procédure & les décisions arbitraires du souverain*. Ouvrage composé d'après les idées du grand homme dont le génie veille dans les Etats du Roi au maintien des loix, & que l'auguste Monarque, restaurateur des lois, a honoré du suffrage le plus flatteur.

b) Les désordres qui résultent de la corruption des juges sont si funestes à la prospérité d'un Etat, qu'un souverain ne sauroit trop faire éclairer leur conduite par ses procureurs généraux & par les ministres qu'il a chargés du département de la justice.

conseil privé de justice, ce n'est qu'autant qu'il est nécessaire pour l'observation même des lois & des ordonnances de l'Etat.

310.

A l'égard des affaires de grande conséquence, il les fait rapporter dans son conseil, & décider en sa présence. Aucune condamnation à mort ne peut être mise à exécution qu'il ne l'ait approuvée après un mûr examen. Il se réserve une inspection générale *a)* sur tous les tribunaux. Il porte ses regards sur toutes les provinces, & il fait éclairer la conduite des magistrats, des gouverneurs, des intendans, des généraux, & de toutes les personnes en charge. Il écoute tous ceux qui croient avoir droit de se plaindre que la justice leur a été refusée; les personnes destituées de protection, les pauvres, les veuves, les orphelins, & les étrangers, trouvent surtout auprès de son trône un asile assuré, & par l'attention qu'il donne à tout ce qui se passe, il tient chacun dans les bornes du devoir.

―――――――

a) „Il ne doit se reposer sur personne de ce qui lui convient de faire. Si les choses sont légères & de peu d'importance, elles ne lui coûteront pas beaucoup, & si elles sont grandes & considérables, elles méritent toute son attention. *Maximes de Louis XI. pour Ch. VIII. son fils.* „La facilité de Galba augmentoit l'ambition de ses ministres, „qui n'est jamais médiocre dans une haute fortune; outre „qu'ils pouvoient entreprendre avec moins de danger sous „un prince foible & crédule. *Annales de Tacite.* lib. 1. §. 5.

311.

On a établi avec beaucoup de sagesse divers tribunaux dépendans les uns des autres, avec la permission d'appeller des sentences des juges inférieurs à celles des juges supérieurs: ce qui doit avoir lieu pour tous les ordres de l'Etat. Par là les affaires sont mieux examinées & digérées; les juges obligés à plus d'exactitude & d'intégrité; & chacun plus assuré qu'on ne lui fait point d'injustice. On a parlé il y a quelques années d'une *chambre de consultations* qu'on se proposoit d'établir en Lorraine. Elle devoit être composée de six avocats, & l'on espéroit d'écraser par son moyen l'hydre de la chicane, en ne permettant aux citoyens d'appeller du premier jugement, qu'après y avoir été autorisé par l'avis des consultans. Ailleurs on a proposé de faire instruire les procès par une justice, & de les donner à juger à un autre, & l'on vouloit qu'on supprimât dans les actes les noms des parties, afin que la justice, commise pour la décision du différent, pût la donner avec d'autant plus d'impartialité.

312.

Ceux dont on fait choix pour remplir les emplois publics, en particulier ceux qui sont préposés pour administrer la justice, doivent non seulement avoir une connoissance profonde des lois & des coutumes, mais il faut encore qu'ils ayent le discernement requis pour leur donner le véritable sens qu'elles ont, & en faire une juste application. Il faut de plus qu'ils foient en bonne réputation, fidèles à l'Etat, respectant la religion *a*), intègres, désintéressés, & ne prenant jamais de préfens *b*), qui ne pourroient qu'altérer imperceptiblement leur probité, judicieux & réglés dans leur conduite, pleins de bonne volonté envers la société, & de compaffion envers les malheureux, d'un caractère doux, patient, toujours difposés à écouter ceux qui ont befoin de leurs fecours, aimant la droiture & la juftice, ayant en horreur toute follicitation *c*) qui y eft contraire, fe plaifant au travail, & s'attachant à leurs devoirs avec fermeté & avec zèle. Le chancelier qui eft le premier magiftrat & l'organe

a) Un miniftre qui na point de fentimens de religion & qui trahit fon Dieu, comment ne trahiroit-il pas fon maître, dès qu'il y trouvera fon intérêt? Conferver un tel miniftre c'eft expofer l'Etat au plus grand danger.

b) Démofthène dans fa *Harangue fur la paix* parle avec affurance de fon incorruptibilité, parce qu'il ne prenoit pas de préfens. „Il n'y a homme vivant qui puiffe prouver, „qu'un préfent m'ait fait pencher dans les fonctions de mon „miniftère. Auffi quelque conjoncture qui s'offre, je n'ai „pas à chercher ce qui vous convient d'avantage: il faute „aux yeux. Au contraire dès que dans la balance où l'on „pèfe des raifons vous ajoutez d'un côté le prix de la cor„ruption, le nouveau poids emporte la balance, & entraîne „avec lui le raifonnement & le raifonneur. Après quoi n'at„tendez pas qu'un homme de ce caractère puiffe rien eftimer „au jufte, ni juger de rien fainement.

c) „Combien feroient encore plus injurieufes les follicita„tions d'un plaideur de mauvaife foi? folliciter fon juge pour „le gain d'une caufe injufte, c'eft lui déclarer, qu'on le „prend pour un fripon ou pour un fot. *Mr. Touffaint.*

du souverain, doit être surtout un homme respectable à tous égards.

313.

Plus il est de l'intérêt de la société de pouvoir compter sur la fidélité, l'intégrité, l'exactitude, le discernement & l'intelligence de ceux qui sont employés à rendre justice, & plus on est responsable du mauvais choix qu'on en fait. On ne doit appeller aux emplois publics que ceux qui se distinguent par leur mérite & par leurs connoissances. Il est nécessaire pour cet effet de faire subir un examen sévère à tous ceux qui se présentent pour les remplir, & qui n'ont pas déjà donné des preuves iudubitables de leur savoir.

314.

Il est rare qu'un jeune *a*) homme ait les qualités requises pour remplir dignement un emploi public. Ce n'est qu'avec beaucoup de circonspection qu'on peut le lui confier. L'admettre sans examen, ou le dispenser même de l'examen, c'est l'exposer à commettre des fautes, & des irrégularités, dont son étourderie où son ignorance peuvent aisément le rendre coupable. Il ne devroit être élevé aux dignités supérieures, qu'après avoir fait preuve de sa capacité & de ses talens dans des emplois subalternes.

―――

a) „Le Juge doit être instruit de la malice des hommes „& de l'injustice, non par ce qu'il sent en lui-même, mais „par une science acquise dans le monde; d'où vient qu'il ne „doit pas être jeune. *Platon.*

315.

La *vénalité* a) des charges dégénère presque toujours en abus. On ne parvient aux emplois

a) „C'est un grand mal d'avoir égard dans la distribution „des magistratures aux biens extérieurs. Il faut principa-„lement considérer les biens de l'esprit & surtout la tempé-„rance. . . . *Platon*. Alexandre Sevère disoit, qu'il étoit nécessaire que celui qui achetoit, vendît: *ut qui emit, vendat*. Il y a des politiques qui trouvent divers avantages dans la vénalité des charges. Ils alleguent, par exemple, qu'elles ne sont possédées que par des personnes riches, & par conséquent moins exposées à la tentation de tirer parti de leurs emplois pour acquérir du bien: mais cette réflexion ne peut être applicable tout au plus qu'à des personnes qui, outre de grandes richesses, ont de l'économie dans leurs affaires & des sentimens désintéressés. Ceux qui se dépouillent pour acquérir une charge, ou qui sont avides & donnent dans le luxe, mettront les occasions à profit. Voyez ce qu'en dit Rollin, en parlant du sentiment d'Aristote sur les défauts du gouvernement de Carthage. „S'il prétendoit „qu'on dût mettre également dans les premières dignités les „riches & les pauvres, comme il semble l'insinuer, son sen-„timent seroit réfuté par la pratique générale des républi-„ques les plus sages, qui sans avilir ni déshonorer la pau-„vreté, ont cru devoir sur ce point donner la préférence aux „richesses; parce qu'on a lieu de présumer que ceux qui „ont du bien, ont reçu une meilleure éducation, pensent plus „noblement, sont moins exposés à se laisser corrompre & „à faire des bassesses, & que la situation même de leurs af-„faires les rend plus affectionnés à l'Etat, plus disposés à „y maintenir la paix & le bon ordre, & plus intéressés à en „écarter toute sédition & toute révolte. *Hist. Anc. T. I. p. 174, 175*. Sully fondé sur les mêmes raisons a introduit la vénalité des charges; & le Cardinal de Richelieu la croyoit aussi avantageuse à l'Etat. Ils ne vouloient pas que les charges pussent être le partage des gens de néant; estimant que rarement une basse naissance donnoit les qualités néces-

qu'à force d'argent; le mérite n'est plus consulté; les riches sont préférés sans aucun égard à leur incapacité; & ceux qui ont des talens sont contraints de les enfouir, lorsqu'ils ne sont pas favorisés des biens de la fortune. Il naît d'un procédé si irrégulier des désordres sans nombre, tous contraires à une bonne administration de la justice. Le peuple est foulé & vexé en mille manières; on se prévaut des formalités pour faire traîner les procès en longueur; on refuse d'entendre ceux qui se présentent avec les mains vides; on emploie la ruse & l'artifice pour faire tourner tout à son profit; & l'on se dédommage ainsi amplement de ce qu'il en a couté pour parvenir aux emplois.

faires à un grand magistrat; que le bien donne un lustre aux emplois; qu'un officier qui met la plus grande partie de son bien à une charge est plus retenu de mal faire par la crainte de perdre tout ce qu'il a vaillant; que si on pouvoit facilement obtenir des charges, le commerce seroit négligé; que d'ailleurs l'abus de la vénalité des charges ne vient pas de l'établissement même, mais du prix excessif qu'on y a ensuite attaché, & de l'imprudence qu'on a eu de lever le correctif que Henri IV. y avoit apporté en l'établissant. Il s'étoit réservé de disposer des offices vacans, en payant préalablement aux héritiers de ceux qui en avoient été pourvus, le prix auquel ils seroient évalués. Que conclure de ces divers sentimens sur la vénalité des charges? c'est que sans le correctif de Henri IV. elle ne peut être admise qu'au préjudice de l'Etat, & qu'au reste on doit, choses égales, préférer le riche & l'homme de condition qui a répondu aux soins que l'on a pris de son éducation; mais qu'en toute occasion on ne doit admettre aux emplois que des gens d'une probité & d'une capacité reconnue.

Voici les raisons que le *Cardinal* de *Richelieu* avoit pour désapprouver les survivances. Il prétend qu'en les donnant contre le gré de celui auquel on doit succéder, on expose sa vie aux artifices de celui qui doit profiter par sa mort. Et que quand même le premier y consentiroit, on ne devroit pas cependant y donner facilement les mains, parce qu'en accordant ces sortes de demandes, on porte un préjudice notable à l'Etat. Car n'étant pas possible de satisfaire tout le monde, il faut du moins laisser une porte ouverte à l'espérance : avantage que l'on perd en assurant tous les emplois aux enfans, parens & amis de ceux qui les possèdent. Le *Cardinal* ajoute encore que l'on n'a pas dans ces occasions égard au mérite personnel de ceux qui obtiennent les survivances ; & que d'ailleurs on accorde souvent par ce moyen à des enfans des grades & des honneurs, auxquels ils n'auroient osé espérer de parvenir, même après avoir rendu tous les services dont ils sont capables ; qu'ainsi c'est prudemment fait que de s'opposer à une coutume dont la conséquence est si dangereuse pour l'Etat, & où l'exemple a presque toujours plus de force que de raison. Ces réflexions, toutes justes qu'elles sont, ne sont pas applicables, lorsqu'il s'agit d'un homme en charge, qui par infirmité ou à cause de son grand âge, ne peut plus s'acquitter de ses fonctions, & qu'il demande lui même un adjoint, ou que l'on juge nécessaire de lui en donner un. On peut alors faire un choix convenable. S'il faut laisser une portion du salaire à celui qui l'a mérité par ses longs services, il faut chercher des voies d'en dédommager celui qu'on appelle à la charge; à moins qu'il ne soit en état d'attendre la mort de celui auquel il doit succéder, & qu'il se contente d'une portion de ses appointemens.

316.

S'il n'est pas avantageux de perpétuer les charges dans les familles, la pratique de borner l'exercice des charges à peu de temps a aussi bien des inconvéniens. Les changemens fréquens ne peuvent que préjudicier au bien & à l'administration des affaires. On prive l'Etat des services de ceux qui ont acquis le plus d'expérience & d'habileté, & l'on emploie souvent des novices pour des emplois qui demandent des hommes rompus dans les affaires.

317.

Pour entretenir les sujets dans le goût du travail, il est essentiel d'assurer la propriété par une bonne administration de la justice. Personne n'est en droit de juger, si un autre a du superflu pour s'autoriser à l'en priver. Si le paresseux & l'homme avide étoient fondés à porter un pareil jugement du superflu d'autrui, il n'y auroit plus d'encouragement au travail, & tout le bonheur auquel nous pouvons aspirer ici bas disparoîtroit. Rien donc de plus intéressant dans la société, que de pouvoir être sûr de conserver son bien, & de le posséder tranquillement.

318.

Rien encore de plus avantageux que d'obtenir prompte justice; rien au contraire de plus chagrinant & de plus préjudiciable, que d'avoir sur les bras des procès *a)*, dont par la faute ou par la négligence des juges ou des avocats, on ne peut voir la fin. Sans parler des inquiétudes & des troubles qu'ils causent à l'esprit, du dérangement qu'ils apportent à la santé, des obstacles qu'ils opposent à l'usage des talens & de l'industrie, & des inimitiés qu'ils entretiennent dans les familles, ils occasionnent des dépenses ruineuses, sans compter la perte du temps & des circonstances favorables, qui est souvent la cause d'un dommage irréparable.

319.

La longueur des procès & la multiplicité des frais auxquels elle donne lieu, étant la ruine des meilleures familles, il faut pour éviter les abus que l'on commet dans l'administration de la justice, outre un corps de droit, une ordonnance pour l'instruction des procès qui contienne une pro-

---

a) Un moyen d'éviter une partie des procès qui s'élèvent à l'occasion des fonds de terre, c'est de veiller à ce que les limites n'en soient pas dérangées; & pour qu'elles ne le soient pas facilement, il faut préférer de grosses pierres à des piliers de bois qui se pourrissent & se détruisent par le temps.

cédure *a*) claire, abrégée & dépouillée d'un fatras de formalités inutiles, surtout dans toutes les affaires peu importantes, qui doivent être instruites sommairement. Une bonne procédure ne conserve que ce qui est essentiel, pour qu'il ne soit fait aucun tort à ceux qui sont contraints d'avoir recours à la justice. Il faut des plaidoyers, ou bien les pièces d'écriture nécessaires pour que chaque partie soit suffisamment ouïe; des preuves par rapport aux faits dont les parties ne sont pas d'accord; & des jugemens fidèlement exécutés selon leur teneur. Une bonne procédure, tout en réglant les moyens de se pourvoir contre les jugemens par lesquels on croit être lésé, prévient aussi, autant qu'elle le peut, les chicanes des parties & de leurs avocats *b*): elle interdit toute voie mal fondée dont on ne se sert que pour éloigner la décision des affaires.

a) On ne laissoit autrefois dans les pays d'inquisition aucun moyen à l'accusé de se justifier & de manifester son innocence. On revient aujourd'hui de ces injustes & cruelles voies de fait. On y est à présent obligé de communiquer à l'accusé les chefs d'accusation que l'on forme contre lui, avec les noms des témoins qui déposent à sa charge; on lui laisse encore la liberté de se choisir un avocat pour le défendre, & bientôt l'Inquisition ne sera plus un tribunal redoutable à l'innocence. Peut-être même, & Dieu le veuille, l'humanité & la charité chrétienne l'emporteront sur un faux zèle, qui fait persécuter des gens dignes plutôt de compassion que de haine, s'ils sont de bonne foi dans l'erreur, comme on doit le supposer charitablement.

b) Les avocats sont la plupart du temps la principale cause des longueurs qu'on apporte à la décision des procès.

Au reste, comme il suffit aux juges de savoir le fait, & que souvent l'éloquence leur en impose, on ne permet aux avocats dans les Etats du Roi qu'une simple exposition du fait & des fondemens des prétentions, sans aucun ornement de rhétorique capable d'éblouir; ce qui s'accorde avec les principes établis par les sages de la Grece, Solon & Lycurgue, qui avoient pareillement reconnu l'abus qu'on faisoit des tours oratoires dans les plaidoyers.

320.

Il n'est pas moins essentiel au bonheur des sujets qu'ils puissent porter leurs plaintes dans le voisinage de leurs domiciles, tant en première & seconde instance que dans la dernière. S'il faut pour obtenir justice en dernier ressort faire des voyages de cent lieues, & se ruiner par un long séjour hors de chez soi, c'est, dit Mr. de Mirabeau, *obliger à perdre une cuisse ou un bras pour conserver un moignon.*

321.

Pour empêcher tout désordre dans l'administration de la justice, & être instruit de ceux qui arrivent, non seulement on règle & détermine d'une manière claire les affaires qui sont du ressort de chaque tribunal; mais on établit

---

On ne sauroit donc trop récompenser ceux qui se distinguent par leur exactitude, & réprimer ceux qui ne tiennent aucun compte des ordonnances publiées pour abréger la procédure.

aussi des procureurs fiscaux qui veillent au maintien de la justice, à l'observation des ordonnances, & à ce que chacun s'acquitte exactement des fonctions de sa charge; comme aussi à ce que personne ne s'arroge une autorité qui ne lui appartient pas. C'est dans le même dessein que l'on envoie de temps en temps des commissaires dans les provinces *a*), tant pour examiner, si les procès se terminent dans les temps prescrits, & s'il y a des plaintes contre ceux qui sont en charge, que pour les maintenir dans leur autorité légitime lorsqu'ils font leur devoir, & pour punir rigoureusement quiconque ose y porter atteinte.

322.

a) „Un prince doit visiter ses provinces, en connoître le „fort & le foible, & si elles sont mal gouvernées, y apporter „le remède convenable. Un jardinier, disoit Louis XI, vi„site son jardin, en arrache les mauvaises herbes, & culti„ve les bonnes. *Max. de Louis XI. pour Charles VIII. son fils.*

Pour obliger les juges & les officiers préposés à la police de faire leur devoir, les gens du roi doivent surtout veiller 1) à ce que ces magistrats soient assidus aux audiences, exacts dans l'administration de la justice, & attentifs à l'observation des ordonnances, ne souffrant point que l'on y contrevienne par quelque principe mal fondé que ce soit, 2) à ce qu'ils ne se servent pas de leur autorité, pour opprimer leurs ennemis ou ceux qui sont sans appui & dans l'indigence: 3) à ce qu'ils ne reçoivent pas des présens, pour négliger les fonctions de leurs charges, & conniver au désordre: 4) à ce qu'ils se contentent des émolumens qui sont attribués à leurs emplois; enfin 5) à ce qu'ils ne surchargent personne dans la répartition des redevances publiques.

322.

Un bon avocat, un avocat intègre, juste, affable, ami de la vérité, conscientieux, habile, est un homme bien utile dans les tribunaux de justice! C'est un de ces ministres, qui possède les loix, & sait en faire l'application. Incapable de se charger d'une mauvaise cause, il n'a d'autre but que de venir au secours de l'innocence opprimée, & de maintenir les lois & l'équité. Il connoît ses forces & il s'abstient des affaires qui ne sont pas à sa portée. Il est au fait de la procédure, & il l'observe, sans jamais s'en prévaloir pour faire languir les parties, & les exposer à des frais inutiles. Il rapporte avec netteté les faits des procès, dont il a pris en main la défense, avec toutes les circonstances, & il indique avec exactitude les lois qui les décident. Toujours il suit les lumières de sa conscience, n'agissant jamais par intérêt, par bassesse, par lâcheté, par passion, incapable de prévention, de fausseté, de prévarication, de mensonge, & toujours éloigné des détours & des mauvaises chicanes, cherchant soigneusement les voies d'accomodement & se contentant d'un honoraire modéré & tel que les ordonnances l'ont réglé. Cet homme mérite d'être récompensé & avancé par préférence. Mais un avocat ignorant & capable de fausseté, de mensonge, de tergiversation, de mauvaises ruses, prenant de toutes mains, qui est négligent, abuse des ordonnances,

& traîne de gaieté de cœur les affaires en longueur pour augmenter ses émolumens, est une peste de la société qu'il faut retrancher, & punir avec sévérité, par des châtimens qui affectent le corps aussi bien que l'honneur.

323.

Ceux des juges & des officiers de police, qui se trouvent en faute, pour avoir négligé leur devoir, usé de fraude & d'artifice, ou vendu même la justice, & sucé le peuple, doivent être sévèrement châtiés tant pour leur propre correction, que pour servir d'exemple, & retenir ceux qui seroient tentés de marcher sur leurs traces. C'est dans la vue de favoriser les mineurs & ceux qui succombent dans une juste cause par la faute des juges, qu'on accorde l'action appellée *subsidiaire* contre les justices, qui par leur négligence ou par leur mauvaise foi constituent les mineurs ou les parties en quelque perte.

324.

Le prince donc qui veut sincèrement pourvoir au repos & au bonheur de ses sujets, & leur procurer une bonne & impartiale administration de la justice, ne se laisse aller à aucune considération d'amitié, de faveur & d'intérêt dans la nomination qu'il fait des juges; le mérite seul le détermine. Il fait faire des taxes [a] mo-

---

[a] Henri IV. fit donner un arrêt par lequel le salaire des avocats fut réduit & taxé; il les obligea de donner quittance

dérées des droits de juſtice, & il éteint tous les impôts qui en augmentent mal à propos les frais. Il aſſigne des gages ſuffiſans à tous ceux qui ſont en place, & il les délivre ainſi de la tentation de commettre des injuſtices pour avoir dequoi vivre, ou bien de ſolliciter pluſieurs emplois, auxquels ils ne peuvent vaquer ſans ſuccomber ſous le poids d'un travail exceſſif, mais néceſſaire pour leur fournir les moyens de ſubſiſter. Enfin il les met en état de faire exécuter leurs jugemens.

Il y a peu d'emplois qui ne demandent un homme tout entier pour le remplir dignement. On voit dans quelques Etats, & c'eſt un très

---

de l'argent qu'ils recevoient, & un *recepiſſe* de toutes les pièces qu'on leur remettoit en main, afin qu'on pût les contraindre à rendre celles qu'ils gardoient ordinairement juſques à ce qu'on les eût ſatisfaits. *Mém. de Sully.* N. E. T. IV. p. 177.

Il faudroit, au reſte, que les pièces d'écriture fournies par les avocats fuſſent taxées, non ſuivant leur étendue, mais à proportion de leur ſolidité.

Les pauvres ſont exemptés du payement des droits de juſtice. On charge l'avocat des pauvres de les défendre d'office dans les procès qu'ils ont: mais il faut qu'ils affirment leur pauvreté, après avoir produit des témoignages non ſuſpects de leur indigence.

Il arrive que la trop grande facilité à les admettre à ce bénéfice eſt aſſez ſouvent un encouragement pour entreprendre & pourſuivre légèrement des procès injuſtes. Dans ce cas ils doivent, s'ils ſuccombent, & qu'il paroiſſe de la mauvaiſe foi dans leurs pourſuites, être punis par empriſonnement. En général on a trop d'indulgence pour les plaideurs téméraires.

grand abus, des personnes en place réunir *a)* divers emplois pénibles. Mais vu l'indolence naturelle à l'homme il arrive presque toujours, surtout quand on est surchargé, qu'on néglige l'une ou l'autre de ses fonctions, au préjudice du pauvre peuple qui en gémit, & de l'Etat qui en souffre par contrecoup.

325.

La vie & les biens sont pour un esprit qui pense noblement moins précieux que la réputation & l'honneur. Aussi dans tout Etat bien policé, on ne souffre pas qu'on insulte quelqu'un impunément, soit par des paroles, des voies de fait, des écrits satyriques, des pasquinades, ou des libelles diffamatoires, soit par tout autre affront, de quelque nature qu'il soit. On inflige à ceux qui s'en rendent coupables des peines proportionnées à la grandeur de l'offense, & au caractère de celui qui l'a reçue.

326.

N'est-ce pas un abus criant *b)*, que celui qui règne de nos jours parmi les peuples les plus

---

a) D'un autre côté l'on ne doit pas multiplier les charges sans nécessité, puisqu'on ne le peut sans nuire à la prompte expédition des affaires, & sans charger l'Etat pour procurer des appointemens à ceux qui en sont pourvus. Il faut donc tenir un juste milieu.

b) Les Grecs, non plus que les Romains, ne se battoient pas en duel. Cependant ils méprisoient souverainement les lâches. A Sparte on ne vouloit loger, manger, ni faire aucun exercice avec un homme qui avoit donné des preuves de lâcheté. Voyez le *Discours de Xénophon sur la Répu-*

civilisés, chez qui le gentilhomme, & surtout l'homme de guerre, qui a reçu un affront, est

bligué de Lacédémone & les mœurs de Mr. Toussaint p. 185-189. La coutume insensée des *duels* doit son origine à l'inondation des barbares. On trouve en France une ancienne ordonnance qui les réduit aux cas d'accusation de lèse-majesté, de rapt, d'incendie, d'assassinat & de vol de nuit. Mais ils n'étoient permis que par l'autorité publique, après un mûr examen & de fortes exhortations, qui jointes à tout l'appareil qui accompagnoit ces combats singuliers, les rendoient fort rares. Le vaincu étoit regardé comme criminel, & traîné en chemise sur une claie: il subissoit la peine du crime, & étoit couvert d'infamie, comme si Dieu en permettant qu'il succombât l'avoit déclaré coupable. *Mém. de Sully. N. E. T. VI. p. 132.* Henri IV par sa facilité à pardonner à ceux qui s'étoient rendus coupables de ce crime, avoit tellement autorisé cet abus, que Lomenée, qui avoit supputé en 1607 combien de gentilshommes avoient péri en France par cette voie, assure qu'il y en avoit eu plus de quatre mille de tués. A la fin Henri IV fut obligé de publier un Edit pour en arrêter les progrès. Par cet Edit ceux qui étoient offensés en leur honneur étoient obligés de s'adresser aux maréchaux de France, ou à leurs lieutenans, pour en obtenir réparation. Il porte peine d'infamie, de dégradation de noblesse, & même de mort contre ceux qui y contreviendront. „Je désespère, dit l'Auteur des *Egaremens des „hommes*, du salut & de la religion de la noblesse, tant qu'elle „croira qu'il ne lui est pas permis d'oublier & de pardonner „une injure. Et lui faire une loi de la vengeance, c'est la „déclarer inhabile au royaume du ciel. Mr. Pelloutier remarque à l'occasion des Celtes, dont quelques auteurs ont fait des anthropophages, que „c'est une barbarie mille fois „plus grande de tuer injustement un homme que de le man„ger — Un homme d'épée frémiroit à la seule proposition „de manger de la chair humaine, & cependant il ne se fera „aucun scrupule de tuer un homme contre toutes les loix „de la justice & de l'humanité, lorsqu'il y est appellé par les

forcé, contre tout droit naturel & divin, de se rendre lui-même justice, s'il ne veut pas passer pour un homme sans cœur & sans honneur? Aveuglement bizarre & incompréhensible! Quoi! l'on ne pourra être brave, courageux, intrépide, sans exposer dans un duel une vie que l'on doit à Dieu & à la patrie, & sans laver dans le sang de l'offenseur une injure qui fait sa honte, & dont il est peut être le premier à se repentir? Est-ce donc un moyen de prouver la justice de sa cause, & de réparer l'insulte qu'on a reçue? L'innocent est-il donc toujours le vainqueur?

„maximes d'un faux honneur. Mais, ajoute-t-il, tout ce „que cela prouve, c'est que les peuples mêmes qui passent „pour les plus éclairés, conservent encore différentes idées, „qui ne sont autre chose qu'un renversement de raison.

„Un jeune homme, dit l'Auteur des *Elémens de l'Educa-*„*tion*, se fera un bouclier de sa prudence pour se garantir „de ces fatales circonstances, où il se croira obligé de balan-„cer entre le préjugé & les lois divines & humaines; & si „malgré sa retenue & sa discrétion il se trouve comme rapi-„dement entraîné dans une de ces tristes occasions, il doit „savoir que la seule ressource qui lui reste dans l'ordre civil, „c'est la grace du prince, lorsque l'insulte qu'il a essuyée est „de nature à ne lui avoir pas laissé un instant pour la réfle-„xion; mais dans l'ordre moral, je n'en connois point s'il „succombe.

Ces combats seroient bien rares, si une fois les princes s'accordoient pour couvrir d'infamie tout homme, de quelque condition qu'il fût, qui par des injures & par des traitemens indignes met un autre dans l'obligation, suivant les préjugés du monde, de laver l'affront dans le sang de l'offenseur.

Combien de fois ne l'a-t-on pas vu facrifié à l'adreffe & à la brutale fureur de fon ennemi, ou bien à un coup du hazard qui ne décide de rien? La bravoure d'un bretteur reffemble affez à celle d'un brigand, & d'un voleur de grand chemin, qui attend avec beaucoup d'affurance & de fermeté les paffans, pour les affaffiner, fans redouter la réfiftance à laquelle il s'attend de leur part. Les peuples de l'antiquité les plus fages, & les plus célèbres par leur bravoure, ont-ils jamais regardé comme une marque de courage, de fe battre dans des combats finguliers qui fans néceffité privent l'Etat de bons citoyens? Ont-ils jamais attaché du déshonneur au refus de combattre d'une manière fi peu glorieufe & fi peu avantageufe à la fociété? y a-t-il rien de plus difficile & de plus louable en même temps, que de furmonter fes paffions, & en particulier de triompher du défir de fe venger? Comment donc ce qui devroit faire la gloire de l'homme le perd-il aujourd'hui d'honneur? Quel renverfement de raifon! Quelle contradiction furtout dans ceux qui font de fages lois pour empêcher les duels, & qui cependant en rendent la violation prefque néceffaire, par l'idée d'infamie qu'ils permettent qu'on attache à leur obfervation! Quelle injuftice de punir enfuite ceux qui les ont violées!

Le Cardinal de Richelieu dit dans fon *Teftament Politique*, que quelques princes avoient essayé, pour remédier aux abus des duels, de donner la permission de se battre, quand par un examen préalable le sujet de la querelle se trouvoit assez grave pour autoriser un pareil combat; & que pendant que l'on faisoit cet examen, on avoit le temps d'assoupir les différens, & de prévenir les duels. Mais la noblesse crut bientôt que demander le combat, c'étoit rechercher le moyen de ne se battre pas, & retomba dans les égaremens, dont on avoit espéré de la retirer par cet expédient. Il s'agit de trouver les moyens de faire revenir la noblesse des idées insensées qu'elle a sur le point d'honneur, & de conserver la réputation des particuliers malgré le refus de se battre en duel. Il faudroit même qu'elle trouvât dans un pareil refus de la grandeur d'ame, & qu'elle pensât sur ce sujet, je ne dirai pas en chrétien, mais seulement en Romain qui ne se seroit pas reproché comme une lâcheté d'avoir refusé un combat singulier. Tant que les souverains ne s'accorderont pas à attacher de l'ignominie au duel, & à couvrir d'infamie, tant ceux qui feront un appel, que ceux qui l'accepteront, les meilleures ordonnances sur ce sujet resteront sans effet, & l'on n'évitera pas les suites funestes d'un préjugé si peu raisonnable, & qui d'ailleurs n'opère nullement les avantages qu'on s'en promet. Car c'est souvent le plus lâche dans les batailles qui est le plus prompt à tirer l'épée pour un combat singulier, parce qu'il se fie fur fon habileté à faire des armes, ou fur la mal-adreffe de fon adverfaire. L'Abbé de St. Pierre, dans l'efpérance de déraciner pleinement le faux préjugé, dont on eft imbu à ce fujet, propofe.

I. D'établir un confeil d'honneur, compofé des généraux & des officiers les plus diftingués de l'armée, pour connoître des affronts, & des vrais moyens de les réparer, & de rétablir l'honneur offenfé.

II. D'exiger le ferment de tous ceux qui prennent fervice de ne jamais faire un appel ni de l'accepter.

III. D'infliger des peines diffamantes à tous ceux qui contreviendroient à leur ferment.

IV. De châtier même ceux qui approuveroient publiquement les duels.

V. De récompenfer ceux qui ne chercheroient pas à fe vanger des injures reçues, & qui refuferoient de fe battre. Enfin

VI. de ne permettre aux gens de guerre de porter l'épée, que lorfqu'ils font en faction.

327.

Les juges & les officiers de police, fous l'autorité du fouverain & de fes lois, font occupés à procurer la tranquillité & le bonheur de ceux qui leur font fubordonnés. Ils donnent leur attention à ce qu'il ne fe commette ni fraude ni injuftice dans les poids & dans les mefures, dans l'achat & dans la vente des marchandifes;

ils en déterminent le prix, quand cela se peut commodément, sans gêner le commerce, ni courir risque de faire tort aux négocians. Ils s'opposent à toute violence, à l'usure *a*) & à l'inhumanité de ceux qui retiennent injustement le salaire de leurs domestiques, & des ouvriers qu'ils emploient. Ils préviennent l'insolence & l'oisiveté de ces derniers, en fixant leurs gages, & leur salaire sur un pied raisonnable. Ils établissent des tuteurs & des curateurs sans reproche, en faveur des pupilles & des mineurs pour les défendre & administrer leurs biens. Enfin ils veillent à ce que chacun s'acquitte de bonne foi de ses promesses & de ses devoirs, & qu'il se conduise équitablement & conformément aux lois, dans les échanges, dans les fermes & dans les louages, dans les prêts & dans les emprunts, dans les constitutions d'hypothèques & de gages, dans les cautionnemens, & dans d'autres conventions & engagemens légitimes.

328.

Les sentences des juges, lorsqu'on ne s'y soumet pas volontairement, sont exécutées, ou par la saisie & la vente des biens de celui contre qui le jugement est prononcé, ou par son em-

―――――

a) „L'usure est sans doute un des plus anciens maux de „la république & la cause la plus ordinaire des séditions. „C'est pourquoi on a fait tant de lois pour la réprimer, au „temps même où les mœurs étoient les moins corrompues. *Annales de Tacite par d'Abl.* C'est dans cette vue que l'on établit des banques & des lombards.

prisonnement, jusqu'à ce qu'il ait satisfait à leurs ordonnances.

329.

Que doit-on faire dans le cas où par des circonstances dont on n'est pas le maître, on se trouve dans la nécessité de s'écarter un peu de la rigueur du droit ? Peut-on favoriser l'un aux dépens de l'autre. *Melon* avoit donné pour maxime générale, qu'en matière d'Etat c'étoit le débiteur qui devoit être favorisé; Mais *Dutot* [a] attaque cette maxime, en faisant voir, qu'elle altère la circulation de l'espèce & le crédit, & qu'elle occasionneroit l'usure; parce que celui qui prête son argent, chercheroit à se dédommager de sa condition désavantageuse de créancier. Il paroît au reste assez difficile d'établir une règle générale, pour la décision d'une question qui dépend de tant de différentes circonstances, lesquelles peuvent rendre la condition de l'un plus avantageuse que celle de l'autre, & faire pencher la balance en sa faveur.

[a] Voyez les *Réflexions Politiques sur les finances & le Commerce.*

On demande, si dans le cas d'un procès, où le droit paroît égal de part & d'autre, on peut favoriser son ami. Mais qui ne voit qu'en le favorisant, on ne rend pas justice, puisqu'on condamne un homme dont le droit paroît égal à celui de la partie que l'on favorise. Il faut donc dans un cas pareil porter les parties à s'accommoder & à transiger; & si l'on ne peut y réussir consulter des personnes plus habiles, qui puissent suggérer les raisons d'équité & de droit qui doivent faire pencher la balance.

330.

Personne ne doit être puni, qu'il ne soit bien convaincu des actions criminelles dont il est accusé. On vérifie les faits, comme il a déjà été remarqué, par la voie des présomptions, des documens, du serment, des témoins & de leur confrontation, de la confession volontaire, des interrogations, & enfin par le moyen de la question *a*). Cette derniere manière de découvrir la vérité est sujette à de terribles inconvéniens. Souvent elle ne contribue qu'à faire absoudre un coupable, & quelquefois elle a fait condamner un innocent, qui trop foible pour résister à la violence des tourmens est convenu de tout ce qu'on lui imputoit, préférant la mort aux douleurs de la torture. Lorsqu'il n'est pas possible d'avérer pleinement le crime, ne vaudroit il pas mieux s'exposer à absoudre un coupable, que de courir le risque de condamner un innocent? Qu'on enferme plutôt pour toute sa vie un homme contre lequel on a des soupçons violens, qui est d'un mauvais naturel, & qu'il seroit trop dangereux de relâcher.

331.

Il y a cependant un cas, dans lequel l'application à la torture paroît légitime. C'est lors-

a) Quelqu'un a dit, que la question étoit une invention pour sauver le coupable robuste, & faire périr l'innocent d'une complexion délicate.

qu'un scélérat *) est convaincu, de son propre aveu, d'un crime qu'il ne peut avoir commis tout seul, & que cependant ils est assez endurci au mal, pour ne vouloir pas déclarer ceux qui l'ont aidé à le commettre. Son opiniâtreté mérite d'être punie, & la question qu'on lui fait endurer, peut, en tenant lieu du châtiment que mérite son endurcissement, le forcer en même temps à faire la déclaration de ses complices, dont il importe au bien public d'avoir connoissance.

CHAPITRE XIV.
De la police, & des divers arrangemens qu'elle prend tant pour la sureté que pour la commodité & l'agrément des citoyens.

332.

Le souverain qui fait consister ses délices dans le bonheur de ses sujets, leur assure autant qu'il dépend de lui un état tranquille & heureux.

---

*) Il s'agit ici de ces criminels, par rapport auxquels le corps de délit existant prouve qu'on a lieu de craindre de nouveaux crimes & de nouveaux excès de la part des complices contre la sureté & la conservation de l'Etat, ou de quelqu'un de ses citoyens; & non pas, par exemple, de chansons, très repréhensibles à la vérité, mais que l'on doit plutôt supprimer que répandre; ainsi qu'a fait imprudemment la Sénéchaussée d'Abbeville dans le procès du jeune de la Barre, accusé de blasphème.

C'eſt par l'établiſſement d'une bonne police *a*) qu'il empêche la corruption des mœurs, qu'il pourvoit abondamment à la nourriture & au vêtement de ſes ſujets, & qu'il leur procure le bois, le logement, & toutes les autres néceſſités & commodités de la vie. Une police ſage & ferme *b*), en maintenant les lois dans toute leur autorité, pourvoit en effet à tous les beſoins, & s'étend ſur toutes les conditions; elle fait

a) Il y a ſouvent des manœuvres dans la police d'une dangereuſe conſéquence. Par exemple, un embargo ſur des bateaux peut cauſer la famine dans une ville, pendant qu'on pourroit par le moyen des bateaux avoir du blé a très bon prix d'un port voiſin. Il en eſt de même de tout embargo ſur les marchandiſes de première néceſſité, qui fait hauſſer les autres à proportion, & alors quelque favorables que ſoient les intentions du ſouverain, tout renchérit extraordinairement, même malgré le vil prix du pain & de la viande; parce qu'il n'eſt pas poſſible d'introduire le bon marché, tant que quelques unes des choſes ou des denrées indiſpenſables à la vie ſont à un trop haut prix; telles que ſont celles dont on a beſoin pour ſe nourrir, vêtir, chauffer & loger.

b) Il faut ſans doute que la police ait beaucoup de fermeté pour maintenir l'ordre; mais il ne faut pas qu'elle dégénère en dureté, & encore moins en injuſtice: ce qui ne feroit que chaſſer les meilleurs ſujets, & les engager à chercher ailleurs plus de liberté & de protection. Il eſt étonnant que dans un pays de liberté, comme eſt l'Angleterre, on autoriſe des précautions auſſi dures que celles que l'on permet aux commis de l'acciſe dans les maiſons des diſtillateurs. Ils ont le droit d'enfoncer les portes, d'abattre des cloiſons, & même de percer un mur mitoyen &c. Voyez *Etat du Commerce d'Angleterre*. Edit. de 1755. T. I. p. 273. & ſuiv.

ressentir sa protection aux pauvres comme aux riches, aux foibles comme aux puissans, aux habitans de la campagne aussi bien qu'à ceux qui demeurent dans l'enceinte des villes ; & afin que tous les ordres soient conservés dans leurs droits, elle admet dans ses assemblées des députés de chaque ordre, & leur permet de faire les remontrances qu'exige leur conservation : en un mot elle fait régner par tout l'abondance, par les arrangemens équitables qu'elle prend pour y faire contribuer de bon gré tous les citoyens, dans une juste proportion, suivant leurs biens, leurs talens & leur industrie. De cette façon l'utilité publique se trouve réunie, comme elle doit l'être, avec les vrais intérêts des particuliers.

333.

On publie dans la plupart des Etats d'excellentes lois contre l'incontinence & la débauche ; mais comment y sont-elles observées ? Une femme chez les Romains qui s'abandonnoit à un esclave, perdoit sa liberté : à présent les femmes de condition s'abandonnent sans honte à leurs penchans déréglés, & paroissent se mettre au dessus des lois. On vient de prononcer un arrêt contre une femme de naissance, qui a été surprise en adultère avec son valet : cette fermeté qui témoigne de l'indignation du prince peut seule empêcher le vice de marcher tête levée. Quel bonheur pour un Etat, où de bonnes mœurs *a*) & des habitudes vertueufes mettent les citoyens en état de remplir facilement tous leurs devoirs, & de rechercher la vraie gloire! Un fouverain peut y contribuer beaucoup. Il n'a qu'à témoigner publiquement le mépris qu'il a pour ceux qui fe conduifent mal, & le cas qu'il fait de la vertu & d'une bonne conduite.

334.

Afin de corriger les mœurs, & favoir quelles voies l'on doit employer pour efpérer d'y réuffir, il faut connoître quelles font les fources de leur corruption. Dès qu'on eft au fait du mal, il eft moins difficile d'y apporter le remède le plus convenable & néceffaire. Les fources les plus ordinaires de la dépravation des mœurs font; l'irréligion & l'aviliffement de la vertu; une police foible qui tolère les débauches, & autorife le défordre & l'impreffion d'ouvrages fcandaleux; le

---

a) En abrégeant les temps des deuils n'a-t-on pas affoibli l'affection des proches? Dès qu'on apperçoit le moindre relâchement dans les mœurs, qui font le reffort le plus actif des actions louables, il faut s'y oppofer foigneufement. Tout ce qui eft contraire à la fociabilité, & qui peut relâcher les liens qui fubfiftent entre les citoyens; tout ce qui peut éteindre l'affection pour l'Etat; tout ce qui témoigne peu d'égards pour les bienféances & l'honnêteté, ne doit point être toléré. Quel abus de permettre indiftinctement à toutes les mères de mettre leurs enfans en nourrice? Ne faudroit-il pas du moins faire quelque diftinction en faveur de celles qui allaitent elles-mêmes leurs enfans? Par exemple, il faudroit les avantager dans les règlemens touchant la fucceffion du mari. Voyez l'ouvrage de Mr. de *Mirabeau*.

le goût du luxe & de la mollesse ; les places, les dignités & les récompenses accordées au vice ; les préjugés sur la gloire, l'honneur & les bienséances ; l'assurance de plaire par un excès de parure & de dépense pour sa table, pour son logement, pour ses meubles ; l'abolition des exercices du corps qui fortifient, endurcissent & rendent capables de soutenir les plus rudes fatigues ; la permission de porter en pleine paix l'épée qui enorgueillit l'homme de néant, & le met de niveau avec l'homme de condition, sans produire d'autre effet que de le rendre insolent ; enfin l'amour excessif du jeu, surtout des jeux de hazard, qui jettent en particulier les femmes, dont dépendent en grande partie les mœurs des hommes, dans un tourbillon de dissipations continuelles qui leur fait négliger leurs devoirs les plus essentiels, & qui les porte à entraîner dans les mêmes désordres, maris, enfans, amis & compagnons de leurs plaisirs *a*).

335.

Arrêtons nous un moment sur une matière importante & bien délicate : elle regarde les soins que le souverain & ceux qu'il a chargés du département de la police & des finances doivent prendre, pour entretenir parmi les sujets, autant qu'on le peut sans injustice, une certaine égalité de fortunes & de possessions. On n'ignore pas

a) Voyez les articles 508. 511. & les remarques sur ces articles.

que cette égalité regarde principalement les démocraties dont elle est l'ame, & que dans une monarchie il y a beaucoup plus lieu à des distinctions dans les conditions : mais il faut que ces distinctions ne soient fondées que sur les dignités, & sur l'importance des charges de l'Etat qu'on occupe; lesquelles doivent être accompagnées d'appointemens suffisans, pour que ceux qui en sont revêtus puissent vivre d'une manière conforme à leur rang. Au reste, dans toutes les républiques, quelle qu'en soit la forme, il faut que ceux qui les gouvernent, fassent en sorte que chaque ordre de l'Etat, chaque particulier, puisse vivre à son aise, & qu'ils facilitent à tous les moyens de subsister. Tout citoyen ruiné, qui ne peut rien entreprendre, est à charge à la société. Il faut donc conserver par le moyen des divers ressorts ou mobiles, qui sont entre les mains du gouvernement, une certaine proportion dans les biens des divers ordres. Il faut pour cet effet 1. donner une attention toute particulière aux manœuvres qui en accumulant les richesses entre les mains d'une petite partie des citoyens, en prive le plus grand nombre, & 2. apporter à ces manœuvres les remèdes que la prudence peut suggérer. Il y a deux sortes de biens, des biens mobiles ou meubles, & des fonds ou immeubles. Il faut beaucoup de circonspection pour ne point géner mal à propos l'acquisition des biens mobiles, qui par le commerce deviennent communs à toutes les nations, & qui sont le fruit de l'industrie, de la dextérité & de l'habileté des hommes laborieux, aussi bien que de la prudence du gouvernement, qui sait attirer dans le pays ces sortes de richesses. S'il ne règne à leur égard une grande liberté, on ne fera qu'en détourner la source. La violence, ou des voies équivalentes, dans les changemens des monnoies, ne servent qu'à faire perdre le crédit & la confiance, & qu'à porter coup par cela même au commerce le mieux établi, ainsi que l'a éprouvé le Duc d'Orléans, Régent de France, & tous ceux qui l'ont imité. Voilà pourquoi le commerce ne prospère guères dans les pays où le despotisme se fait trop sentir. On ne pourroit statuer la quantité de biens qu'il seroit permis de posséder, sans forcer à déclarer son bien, & ces opérations ne pourroient qu'étouffer toute industrie. On ne peut non plus par cette raison contraindre le riche à fournir aux pauvres les secours dont il a besoin : ce qui d'ailleurs ne feroit souvent que les entretenir dans la paresse & dans l'oisiveté. Il ne s'ensuit pas néanmoins de là, que le souverain doive abandonner à ses sujets l'entière disposition des biens mobiles ; mais c'est ici un grand point de sagesse & de prudence, pour savoir en quelle proportion on peut les laisser accumuler, & quelles voies il convient d'embrasser, pour les faire passer d'une main dans l'autre. On peut, par exemple, faciliter le travail & le débit à ceux qui en manquent. On peut leur accorder des franchises, des avances d'argent & d'autres avantages; on peut enfin les distinguer & les protéger d'une façon toute particulière.

Et à l'égard de ceux qui possèdent des richesses au delà de la juste proportion, non seulement on leur refuse tout octroi qui tendroit à les accumuler encore d'avantage; mais même si leur commerce se fait au préjudice des autres citoyens, on peut trouver des moyens indirects de s'y opposer, & de le rendre plus difficile, tant qu'ils ne tâcheront pas eux-mêmes de contribuer à la subsistance de ceux auxquels ils nuisent par leur négoce, & de concilier le bien public avec leur intérêt particulier.

Quel n'est donc pas l'abus énorme des souverains, qui se plaisent à enrichir extraordinairement un seul homme ou un petit nombre de citoyens? Ignorent-ils que cinquante hommes qui ont chacun cent mille écus, sont d'une toute autre utilité à l'Etat, qu'un seul qui possède plusieurs millions. Ces cinquante hommes ont plus de crédit qu'un seul, plus de ressources, plus d'intelligence, plus de moyens de faire des affaires. Et d'ailleurs l'Etat court plus de risque avec un seul, dont les caprices & les bévues, ou les entreprises mal digérées, peuvent être fort préjudiciables à la société.

Il est donc évident, qu'aucun particulier ni aucun ordre de citoyens, ne doit tellement l'emporter en richesses sur les autres, ni faire de tels commerces que les autres soient entièrement dans leur dépendance. Aucun ordre ne peut être dans la souffrance que l'Etat ne s'en ressente. Et il souffrira surtout, si c'est l'ordre des laboureurs qui languit. Car c'est l'agriculture qui est la plus forte colonne & le plus solide appui de tous les ordres & de toutes les professions.

Il est, au reste, assez indifférent à l'Etat dans lequel des ordres que les richesses s'accumulent, pourvu que ce ne soit pas au préjudice du bien public, & qu'elles ne tombent pas en des mains oisives, qui ne les font pas valoir, tels que sont les ordres religieux parmi les catholiques.

Quant aux immeubles le souverain a les mains moins liées, & peut faire en sorte qu'un particulier n'en possède qu'une quantité juste & raisonnable, de façon que les petits propriétaires puissent se multiplier; étant incontestable, que les terres sont incomparablement mieux cultivées par ceux qui en occupent une petite étendue, que par ceux qui ont de vastes possessions, la plupart du temps négligées & fort mal soignées: telles que sont celles de ces grands seigneurs qui résident dans des capitales éloignées, & qui connoissant à peine le nom de leurs châteaux & de leurs terres, consument tout leur bien, sans en rien réserver qui tourne à leur amélioration *a*).

---

a) Voyez les ouvrages de *Mr. Justi* sur cette matière.

336.

Ce qu'il y a de plus essentiel pour le repos des citoyens d'un Etat, c'est qu'il n'y ait jamais disette de vivres, & surtout de blé, afin que tout le monde puisse avoir du pain à bon marché. Dès que le pain vient à renchérir, & à manquer, la famine se fait bientôt sentir avec les misères, qui en sont inséparables; telles que sont le trouble, le désespoir, les séditions, & des maladies contagieuses & mortelles.

337.

On se précautionne contre les mauvaises années, en profitant des récoltes abondantes, pour faire des provisions, & remplir les magasins *a*), dans lesquels il faut renfermer & réserver assez de blé pour pouvoir suppléer au défaut de récolte dans les temps de disette de vivres, & prévenir les maux qui en résultent.

338.

Le blé est sans contredit la plus nécessaire de toutes les nourritures *b*). Il importe donc

---

a) Melon prétend que de dix années il y en a pour le moins une de mauvaise: il remarque que l'on forme des projets de magasins dans les temps de calamité, mais qu'ils s'oublient presque toujours quand ces temps sont passés, sans qu'une expérience funeste nous rende plus sages & plus prudens.

b) On se trouve beaucoup moins exposé à ces maux dans ces contrées, depuis qu'on y cultive avec succès des patates ou pommes de terre, qui sont une des principales nourritures de l'artisan & du laboureur.

extrêmement à la société, que l'on ait une connoissance exacte de ce qui peut rendre la terre fertile en blé, & que l'on soit parfaitement au fait de la différence des terroirs, qu'on doit employer selon la diversité des grains; que l'on sache les divers labours qu'il faut donner aux terres, & la manière de les amender, & de les fumer, à leur plus grand avantage; en un mot que l'on n'ignore rien de ce qui doit être mis en pratique pour se promettre une récolte abondante.

339.

C'est une imprudence que de renfermer le blé dans les magasins, si l'on n'a le secret & le soin de l'y conserver en bon état; mais c'en est une bien plus grande, que d'y entasser des grains endommagés & gâtés. Bientôt ils sont entièrement corrompus, & l'on ne sauroit en faire usage, sans s'exposer à des maladies presque infaillibles. Lorsqu'on renferme du blé dans les greniers publics, on doit donc être attentif à ce qu'il soit bon & sain, & en prendre tous les soins imaginables *a*). Si on le néglige, si on ne le remue souvent, il court risque de pourrir, ou de germer à la moindre humidité; ou bien

---

a) Voyez le Spectacle de la Nature & le traité de Mr. du Hamel *sur la conservation des grains*. Voyez aussi *l'essai sur la police des grains* par Mr. Herbert, qui craint que la mauvaise régie des magasins n'expose à un monopole odieux une denrée aussi nécessaire que le blé.

d'être gâté par la poussière & par les vers; mais en se donnant les peines nécessaires, pour le préserver des accidens auxquels il est exposé dans les commencemens, & en le rendant ensuite impénétrable à l'air & aux insectes, on peut le conserver plusieurs années de suite: le plus sûr est de le renouveller de temps en temps.

340.

La plupart des disettes de vivres ne proviennent pas toujours d'un manque de blé; elles doivent souvent leur origine à une véritable terreur panique, qui fait que chacun resserre ses grains, soit que l'on craigne d'en manquer dans la suite, ou bien que l'on espère de les vendre plus avantageusement, lorsque le besoin en sera encore plus pressant. Une bonne police, une police vigilante, & qui a le bien public à cœur, sait dans ces occasions trouver les moyens de faire ouvrir des greniers qu'une crainte mal fondée, ou bien l'avarice & un intérêt sordide, engagent à tenir fermés. Lorsqu'on a des magasins bien fournis, on est en état de prévenir les mauvais desseins de ces hommes avides & disposés à profiter de la calamité publique, qui sont de vraies sangsues du peuple. On peut suppléer au défaut du blé, en ouvrant les magasins, & mettant aux grains un prix modique. On oblige par là ceux qui en ont provision de s'en défaire au même prix, de crainte qu'il ne leur reste sur les bras, & ne leur soit à charge.

Au défaut de magasins publics, qui exposent à de grandes dépenses, la police doit veiller, à ce qu'on ne sorte pas du pays le blé dont on y a besoin. Il faut être au fait de ce que produisent les provinces, & de la comsommation qui s'en fait dans l'Etat, pour ne pas courir risque d'être au milieu de l'abondance dans la disette, par un trop grand transport de blé dans les pays étrangers *a*). Ce soin doit regarder des commissaires entendus, exacts, vigilans, & capables d'entrer dans un grand détail, pour juger de la quantité de grain qu'il faut pour les villes & pour la campagne, suivant la récolte de chaque lieu, & le nombre de ses habitans *b*) dont il faut avoir des listes exactes.

341.

Une bonne police à l'égard du pain est encore bien nécessaire pour la tranquillité des citoyens, & surtout pour le soulagement des pauvres. Elle empêche toute fraude de la part des boulangers, en leur laissant cependant les moyens de gagner suffisamment de quoi subsister avec leurs familles.

a) En Angleterre on a si peu craint les disettes que l'on a accordé des gratifications pour l'exportation des grains du pays, lesquelles ont fort encouragé les anglois à la culture des terres: cependant il arrive quelquefois que l'on est obligé de défendre, même en Angleterre, la sortie des grains, savoir lorsque le prix courant est au dessus de celui qui est fixé par la loi.

b) Voyez l'article 346.

342.

Pour être en état d'exercer la police par rapport au pain, il faut favoir au jufte les différentes efpèces de farines, dont les boulangers doivent faire ufage fuivant la qualité des pains, & connoître le poids qu'ils doivent avoir tant avant qu'après leur cuiffon *a*).

343.

De l'exercice d'une bonne police dépend à tous égards le bonheur d'un Etat. Par fon moyen on obvie en particulier à la vileté du prix des denrées de première néceffité dans les années d'abondance. Pour empêcher que le laboureur foit découragé, lorfqu'il ne peut s'en défaire à un prix raifonnable, on le prend dans les greniers publics, ou bien on en facilite le tranfport dans les pays étrangers. Si le payfan n'eft pas fûr du débit, & d'un profit honnête, il fupporte avec impatience les durs travaux, auxquels il fe voit expofé en cultivant la terre.

344.

Par le moyen d'une bonne police on prévient encore la cherté des denrées. Cette cherté doit fon origine à la ftérilité des années, au défaut de provifions, aux monopoles, & aux manœuvres qu'on met en ufage pour fe rendre le maître du prix, ou bien à la grandeur & au grand nombre des impôts qui ne devroient jamais être fort con-

---

a) Voyez les remarques ad 346.

sidérables sur tout ce qui est nécessaire à la vie, parce que les denrées pour vivre ne sauroient renchérir, sans rendre la subsistance du pauvre très difficile.

345.

Pour détourner les fraudes *a*) dans l'achat ou dans la vente des denrées nécessaires à la vie, on fait sagement d'en fixer le prix sur un pied modique, de veiller avec assiduité aux poids & aux mesures, de faire connoître au public l'estimation qui a été faite de ces denrées selon leur qualité & leur quantité, & de ne point permettre que la vente s'en fasse qu'après qu'il a été satisfait à toutes ces précautions.

346.

La matière des taxes sur les denrées de première nécessité est d'une grande importance, & mérite toute l'attention du gouvernement. C'est le prix modique de ces denrées, qui tranquillise le petit rentier & les gens en charges bornés à des gages modiques, favorise la population, & facilite le commerce avec l'étranger, en mettant

---

a) Pour mieux prévenir les fraudes il faut les connoître. On en trouve l'énumération dans divers articles du Dict: de Chomel. On peut aussi dans cette vue faire usage du Dict: de Savary & du traité de G. P. Höhn sur les diverses tromperies de tous les états & conditions. Il a pour titre. Betrugs-Lexicon, worinnen die meisten Betrügereyen in allen Ständen nebst denen dawider meistentheils dienenden guten Mitteln entdecket werden. Leipzig 1743.

les artisans en état de donner, à meilleur prix que les autres nations des marchandises également bonnes & parfaites.

Il faut beaucoup de discernement pour tenir un juste milieu, & combiner l'intérêt public avec l'intérêt particulier. Mr. *Justi* prescrit trois maximes au sujet du règlement de la taxe de ces denrées.

Première maxime. Il ne faut point mettre de taxes sur les matériaux mêmes qui servent aux denrées de première nécessité. La raison qu'il en donne, c'est que la liberté, qui est l'ame du commerce, ne souffre pas de pareilles gênes, & que d'ailleurs elles ne produisent pas l'effet qu'on en attend. La cherté, bien loin de diminuer, augmente. Comme les uns resserrent la denrée, & que les autres ne peuvent s'en passer, la nécessité oblige de la rechercher & de la renchérir, pour obtenir la préférence, jusqu'à promettre de ne point découvrir ceux qui vendent au dessus de la taxe. Le grain ne pouvant donc être toujours en même quantité dans un Etat, à cause des différentes récoltes d'une année à l'autre, & parcequ'il en arrive de l'étranger, tantôt plus, tantôt moins, on ne doit rien faire qui en bride le commerce: la taxe ne regardera donc que le pain, & on la proportionnera au prix des grains & des frais, auxquels le boulanger est exposé, aussi bien qu'à ses peines.

Seconde maxime. On ne doit impofer des taxes qu'à ces petits marchands ou revendeurs, qui vendent les denrées de première néceffité en détail. Mr. *Jufti* en rend cette raifon ; c'eft que le négoce en gros n'eft guères fufceptible de taxes. Un négociant en gros peut pour s'y fouftraire, alléguer que les marchandifes font déjà vendues quoiqu'elles ne foient pas encore délivrées ; & fi on vouloit le forcer à produire fes livres, ou exercer d'autres actes violens d'autorité, on uferoit d'un defpotifme préjudiciable au commerce.

Troifième maxime. Il faut être parfaitement au fait d'une profeffion, pour faire la taxe des marchandifes qui s'y rapportent. Il faut favoir les frais qu'elles occafionnent, le temps qu'elles prennent, le profit qu'on y peut faire, & comment s'en fait la vente, pour juger s'il peut y avoir lieu à la taxe propofée. Ceux que l'on peut furtout affujettir à des taxes, font les gens de profeffion qui tiennent boutique ouverte, ou ces perfonnes qui pour le fervice des citoyens d'une ville fe tiennent dans une place publique : tels que font les fiacres, les voituriers & les cochers de louage, les porteurs de chaifes, les manœuvres &c. lesquels fe foumettent plus facilement aux taxes, parceque l'on peut les priver de l'avantage de fe trouver dans ces places publiques, fans que le commerce en fouffre beaucoup.

Il faut pour la taxe du pain favoir exactement, outre le prix du grain, combien une certaine mesure *a*), par exemple, un scheffel de grain doit donner de farine au retour du moulin, la

a) L'Abbé de S. Pierre croit qu'un boulanger peut se contenter de gagner 9 livres de façon pour chaque septier (de 12 boisseaux) qui donne 200 livres de farine nette de son, lesquelles jointes à l'eau font 270 livres de pain blanc. Pour cuire 100 septiers il faut 5 voies de bois, à 18 livres la voie, c'est 90 livres;

	L.	S.	D.
ainsi chaque septier consume pour bois,	-	18	-
pour mouture, transport & mesurage,	1	10	-
pour le garçon ou la servante,	1	-	-
pour loyers & utensiles	1	-	-
pour pains du maître,	1	-	-
Débourse	5	8	-
Pour profit de boulanger & nourriture de la famille,	2	12	-
Le prix du septier de blé	18	-	-
Fait en tout	26	livres	

Les 200 livres de farine d'un septier de blé font deux cens septante livres de pain, à 2 sous la livre, font 27 livres au lieu de 26, c'est à dire une livre de plus que ce qui a été rapporté. Donc le boulanger en gagnant 9 livres par septier gagne suffisamment, puisqu'outre le débourse il peut gagner jusques à 748 livres 16 sous: car il peut cuire au moins 4 septiers par semaine. Donc le pain blanc ne doit valoir que deux sous la livre chez le boulanger, lorsque le froment vaut à la halle 18 livres le septier. Ainsi la police doit obliger le boulanger à donner le pain à 2 sous 10 deniers, ou tout au plus à 3 sous, lorsque le septier se vend 30 livres à la halle; & cependant il se vend 4 sous: ainsi il gagne sur le peuple plus de 15 livres par septier de trop.

Notez que le scheffel vaut un peu plus que deux boisseaux & demi, & que le boisseau de Paris dont il s'agit dans ce calcul, doit avoir 8 p. $2\frac{1}{2}$ l. de haut sur 10 pouces de diamètre. Voyez le Diction. de Savary qui remarque, que le déchet de la cuisson est toujours plus considérable pour le petit pain que pour le gros, & que la proportion du poids de la pâte crue

mesure étant comble *a*), ce qui va jusqu'à $\frac{4}{4}$ de scheffel. Il faut ensuite faire des épreuves exactes, pour pouvoir juger combien l'on peut cuire de pain d'un scheffel de farine, déduit la mesure *b*) qu'on donne au meunier; pour quel effet il faut prendre le poids mitoyen entre celui du meilleur & celui du moindre grain; Dans ce cas une livre de farine fraîche donne au delà d'une livre de pain, savoir jusques à un & même $1\frac{1}{2}$ lot de plus. Lorsqu'elle est fort sèche elle prend encore mieux l'humidité, & doit rendre alors plus de pain, savoir jusqu'à 2 ou 3 lots de plus par livre de pain bien cuit; le grain ne perdant pas beaucoup de son poids par la cuisson suivant Mr. Justi, qui en estime la perte environ un lot sur une livre de pâte. On peut après cela balancer les frais du boulanger en bois, en loyers & en nourriture de ses apprentifs & compagnons & pour les droits qu'on lui fait payer, afin de fixer en conséquence le profit qu'il faut lui laisser pour qu'il puisse subsister avec sa famille. Les taxes se font ordinairement pour un mois entier; cependant si le

& de celui du pain au sortir du four, est d'une livre pour les pains de 12 livres, de $\frac{3}{4}$ l. pour ceux de 10 & de 8 l., de $\frac{1}{2}$ l. pour ceux de 6 & de 5 l., & de $\frac{1}{4}$ l. pour ceux de 3 & de 2 l.

Voyez le *Traité de la police* de Delamare, qui sur le fait de la police observée en France contient d'excellentes réflexions & des directions très solides.

a) Gehäuft.
b) Une Metze.

grain vient à hausser extraordinairement tout d'un coup, on n'attend pas pour la changer, que le mois soit fini. La taxe sur la viande est plus difficile à faire, à cause de l'incertitude du prix des bestiaux & des frais de transport. La police peut éprouver d'en faire venir elle-même, ou commettre ce soin à quelque entrepreneur désintéressé. D'ailleurs l'inspection sur les bouchers est sujette à mille difficultés; ils emploient toutes sortes de détours pour éluder la taxe; ils donnent de la mauvaise viande, de la viande de vache, & beaucoup d'os *a*), à ceux qui refusent de donner le prix qu'ils y mettent. Mr. *Justi* croit, que le mal vient de l'établissement des maîtrises de bouchers; estimant que si elles n'existoient pas, il y auroit une plus grande concurrence dans la vente de la viande, & qu'alors le prix en tomberoit de lui-même. Il pense qu'il seroit aisé de prévenir les inconvéniens qui pourroient résulter de la suppression des maîtrises, en établissant des inspecteurs, obligés d'être présens aux lieux des tueries publiques, pour veiller à ce que l'on ne tue que des bêtes indubitablement saines.

La taxe sur les boissons, comme la bière & l'eau de vie, est encore sujette à bien des difficultés, parceque la profession de brasseur est

exer-

---

a) Comme aussi ce qu'ils appellent dans ces contrées Beylage quoiqu'il fasse partie du poids.

exercée dans des maisons particulières, qu'il est libre aux brasseurs de faire à leur gré la bière forte ou foible, & que par le moyen de l'eau, tant les brasseurs que les vendeurs de bière, rendent la taxe tout à fait inutile, à moins que la police ne la règle sur le degré de bonté & de force qu'elle doit avoir. Pour cet effet Mr. *Justi* propose, que l'on ne puisse brasser que dans des lieux publics; que l'on prescrive la quantité en mesures & en poids de malt ou de grains germés *a*) pour chaque brassin; que les barils & tonneaux soient marqués, aussi bien que les cuves & les chaudières, afin qu'il ne se fasse que la quantité de bière prescrite suivant la quantité de grains germés, à quoi les brasseurs devroient s'engager par serment; que les inspecteurs de la police examinent à chaque brassin la qualité & la quantité du malt, & la quantité de bière qui se brasse, pour qu'elle ait le degré de force requise: ce qui peut se connoître par les balances *b*) propres à éprouver la force de la bière, au moyen desquelles on peut découvrir, si les vendeurs de bière & les cabaretiers y ont mis de l'eau.

On règle encore la taxe du travail & de la main d'œuvre *c*) des charpentiers, maſſons, paveurs, fabricans &c. qui n'ont qu'une sorte d'occupations, auxquels on peut imposer la loi de travailler pour un certain prix, à tant

---

a) Malß.   *b*) Appellées en allemand Biertwagen.
c) Voyez ci-dessus la troisième maxime de Mr. *Justi*.

par jour ou pour une certaine quantité d'ouvrage, comme, par exemple, à tant pour une aune de telle étoffe de laine ou de foie. Mais il faut faire attention au prix des denrées pour vivre, du bois, du logement & des marchandifes indifpenfables pour le vêtement, afin qu'en fixant leur falaire on ne les prive pas de ce qui eft néceffaire à leur fubfiftance. Il faut de plus diftinguer les ouvrages, par rapport auxquels on ne peut eftimer au jufte le talent & l'habileté d'un artifte. Car les talens n'ayant pas une mefure égale, doivent être différemment payés, & la police ne peut impofer des taxes dans ce cas, fans caufer de mauvais effets, & obliger les gens à talens de porter leur induftrie ailleurs. Il ne fuffit pas, au refte, que le directeur de police foit intègre: il faut auffi qu'il foit actif & vigilant. Il doit veiller à ce que les règlemens des taxes foient exactement obfervés. Il faut pour cet effet, qu'il s'oppofe de toutes fes forces aux fourdes menées, par lesquelles on cherche à féduire les infpecteurs & les commis de la police, & qu'il voie fouvent les chofes par fes propres yeux, n'attendant point qu'on lui porte des plaintes. Car tout le monde fe fait une peine de dénoncer les coupables, à caufe de l'embarras où l'on eft de prouver les faits qui font à leur charge, & à caufe du défagrément immanquable d'être mal fervi, & d'expofer même fes domeftiques à être maltraités par ceux contre lesquels on fait tant que de porter des plaintes, surtout là où la police mollit le moins du monde, & se laisse corrompre; comme cela n'arrive malheureusement que trop souvent. Le Roi qui a fort à cœur, que la police soit bien réglée dans ses Etats, a chargé en particulier son Fiscal Général d'y avoir l'oeil, & de poursuivre sans ménagement les auteurs des désordres. Le plus sûr moyen de maintenir les taxes, c'est sans doute la prospérité des professions, & le concours d'un grand nombre de vendeurs & d'ouvriers: réflexion qui démontre, que souvent les maîtrises sont préjudiciables au bien de l'Etat, & en particulier à la population. Ce qui doit obliger à bien peser les circonstances, lorsqu'il s'agit d'empêcher l'établissement de gens industrieux, auxquels les maîtrises s'opposent, sans égard aux avantages considérables que la société peut tirer de leur établissement *a*).

---

a) Il paroit depuis peu une brochure, qui renferme des *Considérations sur les compagnies, sociétés & maîtrises de la France*, qui tendent à les faire supprimer. On soutient qu'elles empêchent le manufacturier de se conformer au goût du consommateur, prolongent sans nécessité le temps de l'apprentissage, mettent une différence entre les fils des maîtres & d'autres ouvriers, & tolèrent les frais ruineux de réception. On remarque encore que les secours pécuniaires que l'Etat en tiroit, énervoient l'industrie, augmentoient le prix des ouvrages, diminuoient la consommation, & mettoient la France dans l'impossibilité de soutenir la concurrence de ses rivaux. *Voyez l'article 404, & la remarque sur cet article.*

347.

La police va encore au devant de tout ce qui pourroit caufer quelque diminution dans le nombre des citoyens, ou leur être nuifible. Pour leur fureté il y a des fentinelles & des gardes, qui font le guet, veillent la nuit au maintien de la tranquillité, & accourent par tout où fe commet le moindre défordre, pour en prévenir les fâcheufes fuites. La police facilite les moyens de fubfifter, & encourage au travail; mais elle empêche tout travail exceffif *a*) qui ruine la fanté, & auquel on ne s'adonne fouvent que par un principe d'avarice. Elle pourvoit à la commodité des villes, des chemins, des chauffées & des voitures publiques. Elle écarte, autant qu'il dépend d'elle, les dangers *b*) auxquels on

a) C'eft en partie par cette raifon qu'elle ne permet pas d'embraffer indifféremment plufieurs profeffions à la fois, quand une feule peut & doit fuffire à l'entretien d'un artifan & de fa famille. Elle doit cependant être très circonfpecte dans fes démarches, comme je l'ai dejà remarqué, pour ne point gêner mal-à propos l'induftrie d'un ouvrier, & pour tâcher, quand cela fe peut, de combiner l'avantage de l'ouvrier avec celui du public.

b) Dans la vue de maintenir la tranquillité & de prévenir les dangers on interdit dans les Etats policés le port d'armes fous de févères peines. Mais comme dans quelques uns on accorde aux gens de condition la liberté de porter une épée, quoiqu'ils ne foient pas engagés dans les troupes, pour les diftinguer des gens du commun, il ne feroit pas inutile au bon ordre d'établir dans la fociété, que chaque condition eût dans fes habillemens quelque marque, qui la fît reconnoître. Cela vaudroit mieux qu'une épée qui eft à charge, & caufe quelquefois des cataftrophes.

feroit exposé dans des routes peu sûres & mauvaises. De sages règlemens garantissent les passans de la crainte d'être attaqués par des chiens méchans ou enragés, & par d'autres bêtes, comme aussi du péril qu'ils couroient par l'imprudence des voituriers ou de gens à cheval, si leur impétuosité n'étoit réprimée. Les rues sont tenues nettes, & bien éclairées de nuit; on en rend le pavé commode; les ponts sont affermis & conservés en bon état; les immondices qui pourroient infecter l'air *a)* & le rendre mal-sain, sont emportées par des tombereaux dans des endroits fort éloignés de la ville; & il n'est pas permis de faire quoique ce soit qui puisse causer de mauvaises odeurs, & incommoder mal à propos ses voisins. La police veille encore à l'entretien des rivières & des canaux, & à ce que l'eau des pompes & des puits ne se corrompe; elle n'accorde l'entrée des denrées pernicieuses, qu'avec certaines précautions nécessaires pour empêcher qu'elles nuisent; elle interdit même tout à fait la vente de certains fruits verts qui donnent la dyssenterie, ou causent d'autres maladies mortelles;

---

a) Voilà pourquoi on ne permet pas d'entretenir dans l'enceinte des villes un nombre de bestiaux capable de causer de l'infection. V. *Inst. Pol. de M. de Bielfeld. T.I. p. 118.* §. 7. pendant qu'on encourage leur multiplication à la campagne *ibid. p. 152.* Voilà pourquoi encore on fait de temps en temps des visites chez les fripiers, pour empêcher la vente de hardes infectées & remplies de vermine. *ibidem p. 136. §. 36.*

elle s'oppose à tout excès qui conduit à l'ivrognerie; elle est attentive à ce que dans les tavernes, les auberges & les marchés, il ne se débite que des boissons & des denrées saines; elle emploie d'habiles architectes pour rendre les maisons commodes, solides & propres à s'y maintenir en santé; elle use de toutes les précautions possibles pour prévenir les incendies *a*), & pour éteindre le feu en cas de malheur: Enfin munie de l'autorité & du pouvoir nécessaire pour faire exécuter promptement tout ce qui ne souffre point de délai, elle ne néglige rien de ce qui est propre à prévenir les maux, ou à y remédier, quand ils arrivent malgré tous les soins qu'elle a pris pour les détourner.

Comment la police permet-elle que l'on jette dans les rivières, dont l'eau sert à nos boissons & entre quelquefois dans nos mets, tant d'im-

a) C'est pour prévenir les suites funestes des incendies qu'une police exacte fait faire des visites fréquentes dans les maisons, par des commissaires chargés d'examiner, si les propriétaires observent les règlemens sur les incendies par rapport aux murs de séparation, aux brasseries, aux cheminées, aux fours, aux utensiles dont on se sert pour éteindre le feu &c. On vient au secours des incendiés par l'établissement que l'on connoît sous le nom de *société ou caisse de feu*. C'est une association des habitans d'une ville ou d'une province, en vertu de laquelle ils supportent, à proportion des immeubles qu'ils possèdent & qui sont garantis par la société, les dommages occasionnés par les incendies. Il s'agit seulement de veiller à ce que la régie en soit fidèle, & que personne ne soit surchargé dans la quote part qu'on lui fait payer.

mondices, de cadavres & de choses dégoûtantes, qui portées dans des lieux écartés, réduites en fumier & mélées avec le sable, seroient un engrais excellent pour nos terres? Les anciens nous font honte par la propreté avec laquelle les fleuves étoient entretenus de leur temps *a*).

348.

On ne se contente pas de prévenir les maux, autant que la prudence humaine peut le permettre; on est encore soigneux de remédier à ceux qui sont inévitables, ou qui arrivent malgré tout ce que l'on a fait pour les détourner. Par exemple, la honte & la pauvreté font souvent exposer des enfans, & mettent leur vie en danger. On a trouvé qu'un moyen propre pour prévenir ce malheur, c'est d'établir des maisons publiques *b*) d'enfans trouvés, & ces enfans peuvent être employés utilement à l'agriculture & placés à la campagne.

349.

Afin de remédier aux maux inévitables de la nature humaine, on perfectionne la médecine & tout ce qui y a rapport. D'habiles médecins sont établis pour la guérison des maladies, & l'on ne reçoit au grade de docteur en

---

a) Mr. Justi.

b) Si dans le même temps, où l'on pourvoit à la conservation des enfans trouvés, on ne prend des mesures efficaces pour encourager les bonnes mœurs, & inspirer le sentiment du vrai honneur & du goût pour la vertu, ces maisons publiques ne seront que des encouragemens au vice.

médecine, que ceux qui ont donné des preuves de leur habileté dans cette importante science, & de leur connoissances dans l'anatomie *a*) du corps humain. On ne choisit pour chirurgiens que des personnes entendues & expérimentées, qui comme les médecins ayent fait un cours d'anatomie. On a des sage-femmes intelligentes & bien instruites. Enfin on n'admet au nombre des apothicaires que des gens, bien au fait des drogues, & incapables de faire des quiproquo dangereux *b*).

350.

La peste *c*) est la plus déplorable de toutes les calamités, & d'autant plus funeste, qu'elle est contagieuse, & se communique tant par les

a) Pour mettre les médecins & les chirurgiens en état de connoître exactement la structure du corps humain, la police leur fait remettre les cadavres des criminels ou des malades décédés dans les hôpitaux, sur lesquels ils peuvent faire les dissections propres pour leur donner de justes idées de tous nos organes & de leur destination. On a sur ce sujet, comme sur plusieurs autres, de grandes obligations au feu Roi. v. le *Cyrus moderne de Ludewig*.

b) Le danger des quiproquo doit engager à visiter fréquemment les apothicaireries pour voir si l'on observe l'ordre requis pour la garde des drogues & leur préparation.

c) S'il est glorieux aux souverains d'entretenir l'abondance dans leurs Etats, il ne leur est pas moins glorieux de les préserver de maladies, & surtout de la peste, qui est la pire de toutes les contagions. C'est ce qui a engagé Louis XV. à faire publier l'ouvrage suivant:
Traité des causes, des accidens & de la cure de la peste, fait & imprimé par ordre du Roi. à Paris 1744. Voyez *Journal de Trévoux Octobre 1745*.

perſonnes qui en ſont attaquées, que par les hardes & par les effets qu'elles ont eus autour d'elles.

Quels ne doivent donc pas être les ſoins du ſouverain, pour tâcher de prévenir un mal ſi fâcheux, & dont il eſt ſi difficile de ſe garantir, quand il s'eſt une fois introduit quelque part! On ne ſauroit être trop attentif à faire recueillir les obſervations ſur les cauſes & les remèdes de ce mal.

351.

La peſte doit ſouvent ſon origine à la famine & à la miſère. Des pauvres dénués de tout, ne peuvent manquer de tomber malades. La mal-propreté, ſuite inévitable d'une indigence accablée d'infirmités, corrompt & pourrit la maſſe du ſang, qui communique ſon venin à l'air qui l'environne. L'air empeſté *a*) s'étend, & atta-

---

a) Lorſqu'il y a des mortalités de beſtiaux, on devroit veiller mieux que l'on ne fait communément, à ce qu'il ne s'en vende pas de malades qui peuvent communiquer un ſuc gâté & pernicieux.

En général on néglige trop les précautions les plus communes, qui ne laiſſent pas d'être ſouvent eſſentielles à la conſervation de la ſanté. Par exemple, ſi l'air eſt fort nébuleux, il faut le purifier par de bons parfums; s'il eſt trop ſec, il convient d'arroſer les appartemens. &c. &c.

Dans le traité, dont il eſt fait mention à la rem. ſur le §. 350. il eſt dit, que l'uſage du vinaigre préſerva Sylvius de la contagion; que le préſervatif le plus ſûr c'eſt la ſobriété ... que la tranquillité d'eſprit eſt avantageuſe; & que parmi nous la terreur prépare les corps aux impreſſions

que bientôt les corps les plus vigoureux, surtout dans des lieux renfermés, lorsqu'on est destitué de tous les secours nécessaires pour s'en garantir. Voilà sur quoi fondés plusieurs habiles médecins ne croient la petite vérole dangereuse, que par le peu de soin qu'on prend de ceux qui ont cette maladie, estimant qu'un moyen plus efficace encore que *a)* l'inoculation, pour en empêcher les

du venin pestilentiel; que les alimens les plus convenables sont les bouillons faits avec peu de viande; & qu'avec le ris, l'orge, le gruau, on ajoutera quelques cueillerées des sucs d'*oxytriphillum*, de petite oseille ou de verjus, &c. &c.

a) L'utilité de l'inoculation à l'égard de ceux qu'on inocule, paroît résulter manifestement des expériences qu'on a faites en tant de lieux différens: mais puisque nous en voyons mourir entre les mains de nos plus habiles médecins, de ceux même qu'on regarde comme les plus heureux, qui est-ce qui est en droit d'exposer la vie de son enfant dans l'incertitude où l'on est, s'il n'en auroit pas été exempt toute sa vie? Et s'il est vrai que l'inoculation a rendu cette maladie plus contagieuse, & qu'il est mort plus de monde de la petite vérole depuis l'introduction de l'inoculation, peut-on en conscience conseiller au souverain d'en autoriser la pratique? Il me semble qu'il faudroit avant que d'accorder cette permission qu'il fût démontré

1. que l'on n'expose pas la vie de ceux que l'on inocule, & que l'on ne court pas risque d'abréger des jours que Dieu auroit prolongés; car il est à remarquer que le nombre de ceux qui meurent sans avoir jamais eu la petite vérole, est plus considérable qu'on ne pense.

2. que le sang de ceux qu'on inocule, ne conserve pas un reste de pus ou de poison, qui influe dans la suite sur leur santé, & leur cause des maux réels quoiqu'éloignés; comme quelques personnes croient le remarquer.

3. que l'inoculation n'est pas contagieuse quoique plusieurs médecins l'assurent.

ravages, seroit de prendre les mesures convenables pour faire soigner, suivant la méthode qu'ils

4. que ceux qui n'auroient jamais eu naturellement la petite vérole, ne la prendront pas par l'inoculation; ou que ceux qui ont été une fois inoculés, ne peuvent pas l'avoir naturellement, comme d'habiles médecins le soutiennent, & croient pouvoir le prouver par l'expérience.

5. que des méthodes de traiter cette maladie plus sures que celles qu'on a pratiquées jusques à présent, & des arrangemens ou mesures plus convenables pour en prévenir les suites fâcheuses, ne sauveroient pas encore plus de monde que l'inoculation. Voyez *Journal des Savans Novbre 1765. p. 151.*

6. que plusieurs de ceux qu'on dit avoir été enlevés par la petite vérole naturelle ne sont pas morts plutôt d'une complication de maux que de cette maladie, & que surtout dans le grand nombre d'enfans qui suivant Kersseboom périssent dans les huit premiers mois de leur naissance, il n'y en a pas beaucoup qui meurent de la petite vérole. Car si cela étoit, on pourroit fort bien présumer que ces enfans meurent plutôt de foiblesse, de convulsions & aux dents que de cette maladie, & que dans le fond elle ne cause même autant de ravage qu'elle fait que faute de soins convenables. D'ailleurs on n'obtiendroit pas dans ce cas le but que l'on se propose par l'inoculation, puisqu'on n'oseroit la tenter sur des enfans d'un âge aussi tendre. On choisit son temps, & des enfans d'une bonne constitution, qui peut-être auroient également échappé au danger, si le mal étoit venu naturellement. Voyez, au reste, les réflexions de Mr. d'Alembert sur les défauts des calculs que l'on fait sur ce sujet en faveur de l'inoculation. *T. V. de ses mélanges.*

L'expérience fait voir qu'il y a deux sortes de petites véroles; l'une bonne & facile à guérir, & l'autre mauvaise & presque incurable. Il faudroit donc avoir certitude qu'en donnant par l'inoculation une petite vérole favorable, la personne inoculée n'aura & ne peut avoir naturellement la mauvaise: mais qui peut en répondre?

prescrivent, ceux qui en sont attaqués, dans des maisons séparées & destinées uniquement à leur guérison.

S'il étoit vrai, comme Mr. Winckelman le prétend dans son Histoire de l'Antiquité p. 24, que la petite vérole étoit inconnue aux anciens grecs; & si l'on avoit lieu de croire que les peuples qui vivent avec frugalité, sont beaucoup moins exposés aux ravages de cette maladie, comme cela est très probable, on les préviendroit vraisemblablement en rétablissant les bonnes mœurs. Peut-être aussi qu'en usant en même temps de sages précautions pour empêcher la contagion, parviendroit-on insensiblement à bannir entièrement ce funeste fléau de nos contrées.

Pour se convaincre de la nécessité de recherches encore plus exactes sur les suites de l'inoculation, & sur ses avantages, je n'ai qu'à transcrire ici ce qu'on trouve dans le supplément de la gazette de Leide du No. XVI. 1768: ce sont les réflexions, d'un anglois même apologiste de l'inoculation. „Combien, dit-il, de gens y a-t-il, même de ceux que je „puis nommer qui se sont trouvés après l'inoculation dans un „état pire que la mort, soit que leur nature ne fût pas bien „préparée à cette opération, soit par le peu d'habileté des „opérateurs.... Après avoir remarqué que la petite vérole s'est considérablement augmentée par l'introduction de l'inoculation, il en conclut que „quoiqu'elle soit avantageuse „pour les particuliers, c'est présentement la pratique la plus „nuisible au bien général & tendante évidemment à la de„struction du genre humain. Il en attribue les funestes ef„fets, au peu de soin que l'on prend pour empêcher que cette maladie ne se répande. „Au lieu, dit-il, de se renfermer „pour un certain temps, & de se séparer du reste des hom„mes, les inoculateurs & les inoculés se mêlent indifférem„ment dans toutes les compagnies, perpétuent le venin, „répandent l'infection, & communiquent le miasme à „ceux qui très probablement auroient, sans cette indis„crétion, été pour toujours à l'abri de ce mal destructif. Suivant l'extrait mortuaire de la ville de Londres qu'il dit

353.

Dans les Etats bien réglés on prend donc un grand soin des pauvres malades. On a des médecins & des chirurgiens exprès pour les servir, & l'on fait faire de fréquentes visites dans les divers quartiers, pour examiner leur état, & leur fournir du bouillon & les autres secours nécessaires au soulagement de leurs maux. On fait plus, on élève de vastes bâtimens, afin que les vrais

avoir consulté, la proportion de ceux qui sont morts de cette maladie en trente sept années depuis l'introduction de l'inoculation, savoir en 1720, à ceux qui en sont morts auparavant dans le même nombre d'années, est de 4 à 3. Un autre spéculatif qui croyoit que la nouvelle méthode, inventée depuis 1758. n'étoit pas aussi nuisible, a trouvé, à son grand étonnement, par l'examen des extraits mortuaires des sept dernières années, que la proportion du nombre des morts de la petite vérole a beaucoup augmenté depuis cette époque.

Que doit faire le gouvernement dans un pareil embarras ? Quel médecin osera prétendre que ses décisions soient reçues comme des oracles ? Préparera-t-on ceux qu'on veut inoculer, ou ne les préparera-t-on pas ? Les plus habiles ne s'accordent pas sur cette question préliminaire. Mon fils que la petite vérole surprit, dans un temps où il étoit bien éloigné de toute préparation, a échappé à ce fléau, pendant que sa soeur préparée avec tout le soin possible a payé le tribut à la nature. Mais si on doit préparer pour cette maladie, quelle méthode faudra-t-il suivre, puisqu'encore à cet égard il y a diversité entre les plus experts ? Qui ne voit combien il seroit necessaire que le gouvernement qui tolère la pratique de l'inoculation, fît observer plus particulièrement & pendant longues années, les opérations de cette nature & les suites qu'elles ont, afin de pouvoir s'assurer des effets de l'inoculation, & si elle est réellement avantageuse ou plutôt nuisible à l'Etat & aux inoculés.

pauvres & les malades y soient recueillis, sans être entassés les uns sur les autres, & puissent être soignés avec toute la propreté possible : mais quelle attention ne faut-il pas donner, pour qu'on en use dans les hôpitaux avec humanité ? Combien d'abus ne s'y commettent ils pas tous les jours ! combien de négligences ou d'expériences cruelles ! D'un autre côté il faut que ces maisons de charité ne soient pas des encouragemens à l'oisiveté, & que l'assurance d'être assisté n'autorise pas la paresse. C'est pourquoi il est convenable que les maisons de charité soient placées loin des lieux où l'industrie peut fournir à la subsistance des gens laborieux *a*).

353.

La crainte de la peste fait, que l'on exige, dans les temps de contagion, des certificats de santé de ceux qui voyagent pour s'assurer qu'ils ne viennent pas de quelque endroit suspect. Lorsqu'on a quelque soupçon, on les oblige de faire la quarantaine sur les frontières, avec leurs effets & leurs marchandises, pour les purifier du mauvais air, & les parfumer pendant le temps requis *b*).

a) Par l'ordonnance que Pierre le Grand fit publier en 1724. il se proposoit d'employer une partie du superflu des revenus des cloîtres de son vaste empire au soulagement des invalides & des vrais pauvres de l'Etat.

b) Il y en a qui croient que la peste n'est point contagieuse, & qui prétendent le prouver par l'exemple des mé-

354.

A-t-on a lieu de croire que la peste s'est introduite quelque part ? il faut empêcher que la frayeur ne s'empare des esprits. Une crainte désordonnée accélère & empire le mal, par les efforts de l'imagination frappée trop vivement. Peut-être même la frayeur en affoiblissant les organes du corps, donne-t-elle plus de prise

decins qui se rendirent à Marseille du temps que la peste y régnoit, & par ce qui arriva à Londres en 1665. Voici ce qui est rapporté au sujet de ce dernier événement dans le *Journal de Trévoux, Novbr. 1745. p. 2028.* „Au commen-„cement de l'année la peste ne fut plus si mortelle. La „sécurité avoit banni la terreur; le même empressement „qu'on avoit eu à s'éloigner de la ville, on l'eut à y reve-„nir. Toutes les boutiques s'ouvrirent, & le commerce fut „rétabli. On n'étoit point effrayé de voir mourir beaucoup „de monde. On habita sans crainte les maisons les plus „infectées, & il y eut des hommes assez courageux pour „coucher dans les lits d'où l'on venoit de tirer les cadavres „de quelques pestiférés. Cette conduite, si opposée à celle „qu'on avoit tenue, & qui auroit du détruire toute la ville, „*si la peste se communiquoit*, n'augmenta par le mal. Il est „vrai que la peste sembla vouloir se ranimer au printemps, „mais on ne s'en allarma pas, & la chose n'eut aucune suite. Je conclus de ces faits que les soins que l'on prit des pestiférés, sans en être detourné par une frayeur déréglée, mirent des bornes à la contagion. La prudence veut cependant, que l'on prenne toutes les précautions possibles contre un mal si dangereux, & il seroit téméraire sur des conjectures si incertaines de hazarder la vie de plusieurs milliers d'hommes. Le plus sûr donc, comme le dit le *Journaliste de Trévoux*, est de prévenir le mal, & d'empêcher qu'il ne pénètre: ce qui arrivera, si l'on observe les ordres du souverain, & que la cupidité ne prévale pas contre les loix. *Ibidem.*

au mal ? D'ailleurs elle est cause que l'on abandonne les pestiférés, & qu'ils périssent plus encore faute de soins que par la force du mal. C'est aussi là en partie pourquoi dans les lieux, où ce fléau n'est pas si redouté, il fait moins de ravages, que dans ceux où il répand la consternation. Mais, ceux qui prétendent que c'est la frayeur qui cause la communication de ce mal, ne répondent point à la difficulté prise de ce que les enfans n'en sont point exempts, & la prennent aussi bien que les adultes.

355.

Quand ce fléau terrible se manifeste en quelque endroit, on ne fait pas mal, à la vérité, de séparer d'abord ceux qui en sont atteints, & de les mettre dans des maisons situées aux extrémités de la ville, ou même hors de son enceinte; mais il faut les y faire bien soigner, & payer libéralement les medécins, chirurgiens & autres personnes destinées à les servir dans ces tristes conjonctures.

356.

On feroit sagement, pour empêcher la communication des maux contagieux, d'avoir dans les grandes maisons des appartemens reculés, uniquement destinés pour y soigner à l'écart, tous ceux qui auroient des maladies tant soit peu dangereuses & épidémiques.

On ne feroit pas moins bien de défendre les enterremens dans les villes. Les cadavres y causent fent vraifemblablement des exhalaifons nuifibles. Qu'eft ce qui empêche d'établir les cimetières hors de l'enceinte des murailles, & d'ordonner que les corps foient mis dans des foffes affez profondes, pour s'affurer que l'air n'en fera pas infecté, & que les habitans n'en feront aucunement incommodés *a*).

357.

La police prend encore divers autres arrangemens *b*) pour le bien & la commodité des citoyens. On bâtit les villes fuivant un plan régulier. On place dans les lieux les plus écartés les profeffions défagréables & incommodes. Non feulement on ufe de fages précautions contre les incendies, foit pour les prévenir, foit pour éteindre promptement le feu; mais encore on amaffe des fonds, pour indemnifer, autant qu'il eft poffible, ceux qui fans leur faute fe trouvent

---

a) Voyez les objets d'un règlement de police, pour la confervation de la fanté, dans l'ouvrage qui a paru depuis peu fous le titre de *Confervateur de la Santé*.

b) En Ruffie pour obliger les voituriers de fatisfaire à leurs engagemens envers les étrangers qu'ils tranfportent hors du pays, on exige qu'à leur retour ils produifent un certificat, d'où il apparoiffe qu'ils ne leur ont donné aucun fujet de plainte fondée: établiffement très raifonnable qu'il conviendroit d'introduire partout.

Si je puis exécuter mon plan, on trouvera dans un troifième Tome un extrait des règlemens & des ordonnances publiées dans les pays de la domination du Roi qui font très propres pour établir & pour maintenir l'ordre, dans tous les établiffemens qui tournent à l'avantage du public.

exposés à pareils malheurs. Enfin on attire chez soi toutes sortes d'artistes & de gens de métier; on procure une heureuse abondance de toutes choses; & c'est dans cette vue que l'on établit des foires & des marchés bien pourvus de marchandises & de denrées de toute espèce, afin que chacun puisse sans peine se fournir de tout ce dont il a besoin. Au reste les soins de la police doivent s'étendre sur les habitans de la campagne *a*), aussi bien que sur ceux des villes, & pourvoir également à leur sureté & à leur bonheur.

a) Voyez les réflexions judicieuses de Mr. de Bielfeld au sujet des patrouilles de cavalerie & d'une bonne maréchaussée à établir contre les voleurs, les brigands & les gens sans aveu, comme aussi par rapport aux arrangemens à prendre pour prévenir tant de dégâts, de troubles, de pertes & de dommages, que causent dans les campagnes & dans les villages les incendies, les mauvais chemins & les maladies faute de secours & d'un ordre convenable. *Inst. Pol. T. I.* Chap. IX. Par exemple, il n'y a souvent, qu'un seul médecin pour toute une contrée.

En Allemagne les gens de la campagne ont encore beaucoup à souffrir des mendians de profession. S'ils refusent de leur faire l'aumône, ou s'ils ne leur donnent pas tout ce qu'ils en exigent avec une étrange effronterie, ils murmurent: quelquefois ils usent même de menaces; & l'on a lieu de croire, que souvent ils sont les auteurs des incendies qui arrivent assez fréquemment dans le plat-pays. En général on n'a pas pour les habitans de la campagne l'attention que l'on devroit. On y manque, non seulement de moyens pour faire soigner les malades convenablement, mais encore d'arrangemens propres pour se défaire des mendians & surtout pour agir efficacement contre ceux qui se rendent coupables de quelque crime. La noblesse veut bien se préva-

358.

L'homme s'adonne avec joie à son travail, & jouit pour l'ordinaire d'une santé robuste, quand exempt de chagrins & de soucis cuisans, il peut voir couler ses jours agréablement. Il est donc de l'intérêt de la société, qu'on y multiplie les plaisirs innocens, & tout ce qui peut contribuer à l'agrément des personnes vertueuses & raisonnables.

359.

On se tromperoit grossièrement, si l'on s'imaginoit trouver sur la terre un bonheur sans mé-

loir de son droit de jurisdiction; mais elle craint de s'exposer aux frais de garde & de nourriture du criminel, pendant l'instruction de son procès, qui souvent traîne en longueur; & voilà pourquoi plusieurs gentilshommes se dispensent, autant qu'ils peuvent, de se saisir du coupable, aux dépens de leur propre sureté. Que n'imite-t-on partout les arrangemens excellens que les Etats de Silésie ont pris, tant pour s'opposer aux mendians que pour punir les crimes qui se commettent dans le plat-pays? Il y a de distance en distance des maisons de correction, où l'on conduit tous les mendians en état de travailler, & on les y entretient à proportion de l'ouvrage qu'ils font. Ces maisons se soutiennent en bonne partie par le travail de ceux qu'on renferme. Quant aux prisons elles sont établies pareillement de distance en distance, & le gentilhomme n'a autre chose à faire, qu'à procurer l'arrêt du criminel, & à l'y faire conduire. Un inquisiteur public instruit le procès du criminel, & les frais de poursuite, de garde & de nourriture, répartis entre la noblesse & les villes des provinces, suffisent quoiqu'ils soient modiques pour chacun, & sont fort au dessous de ce qu'il en coûte ailleurs à un gentilhomme, obligé d'exercer chez soi la jurisdiction criminelle, quoiqu'il n'ait aucune commodité pour cela.

lange de traverses & d'amertume. L'homme se fait une illusion continuelle. Quelquefois son imagination grossit & multiplie les plaisirs; il ne prévoit pas qu'il doivent prendre fin, ou bien qu'il n'y sera plus si sensible. D'autres fois il se croit à l'abri de certains maux, qu'il se figure moins violens qu'ils ne le sont en effet, ou bien par une funeste disposition d'esprit il est sans cesse dans l'inquiétude. Ingénieux à se tourmenter, il se forge des malheurs, qui n'arriveront peut-être jamais, ou bien il se représente la douleur, à laquelle il s'attend, beaucoup plus vive qu'elle ne le sera. Veut-on donc travailler sérieusement à sa félicité; que l'on rectifie ses idées sur les plaisirs & sur les maux. On peut bien goûter les amusemens innocens; mais gardons nous de les rechercher avec trop d'empressement. Il n'y a au fond de plaisirs durables & solides, que ceux que la vertu & l'attachement à la religion procurent par leur nature même. Ils dépendent uniquement de nous, & donnent à l'ame une satisfaction entière, qui augmente par la réflexion, & qui dans nos infortunes adoucit l'amertume de notre sort. Un avantage considérable qu'ils ont sur tous les passe-temps frivoles des mondains, c'est que l'on ne peut en abuser, au lieu qu'à l'égard des autres, de l'usage à l'abus, il n'y a qu'un pas fort glissant à faire. Ceux donc qui mettent leur gloire à nous faire perdre le goût des vrais biens & des vrais plaisirs n'ont aucun droit à notre reconnoissance.

360.

Cependant sous prétexte que l'homme abuse des meilleures choses, on n'est point autorisé à lui retrancher les plaisirs honnêtes & innocens, au défaut desquels il suppléeroit immanquablement par des divertissemens criminels. Ne trouvant pas le moyen de se récréer innocemment, il chercheroit dans le vice de quoi s'en dédommager. Pourvu donc que les récréations & les réjouissances n'ayent rien de contraire à la pureté des mœurs, le soin que prend un souverain de procurer des plaisirs à ses sujets mérite assurément des louanges.

361.

C'est dans cette vue *a*) que l'on encourage tout ce qui peut flatter les sens d'une manière

a) Les joueurs de gobelets ou de farce, les danseurs de corde, les bateleurs, les charlatans empiriques & autres vagabonds étrangers écument le public sous prétexte d'amuser le peuple, ou de lui fournir, soit des drogues, soit l'occasion de gagner des marchandises de prix qu'ils exposent à la vue des passans; & quoiqu'ils dépensent dans le pays même le plus clair du gain qu'ils y font, cependant lorsqu'ils ne sont d'aucune utilité réelle, ou que les inconvéniens & les abus l'emportent sur l'avantage qu'on a lieu de s'en promettre, on ne doit point les souffrir.

Les récréations les plus innocentes, les amusemens les plus dignes d'un être raisonnable, sont sans contredit ceux de la promenade, & ceux qu'on trouve dans les cercles & les sociétés d'amis, où les gens de lettres & ceux qui ont du goût & envie de s'instruire, se rassemblent, pour s'entre-

innocente ; que l'on favorife l'impreffion des *gazettes*, des *feuilles périodiques*, des *mercures* & de toutes fortes d'ouvrages d'efprit en vers & en profe, dont la lecture peut inftruire & amufer; qu'on forme dans les villes & aux environs, des promenades publiques ; que l'on permet de fréquenter les *redoutes*, les *théatres* & les *fpectacles*, les *operas* & les *concerts* ; & que l'on fait les difpofitions convenables, pour que tout le monde puiffe commodément y affifter. C'eft encore dans le même deffein que l'on tolère tous ces amufemens innocens, qui en récréant l'efprit l'exercent & l'accoûtument à méditer, ou bien donnent de l'exercice & de l'adreffe au corps.

362.

Mais on doit s'oppofer avec vigueur à tout ce qui peut bleffer les mœurs & la piété, comme auffi à tout ce qui fent le libelle & la fatyre, qui attaque l'honneur d'un citoyen ouvertement ou d'un ton d'ironie, & qui répand un ridicule fur ceux qui en font les objets. On établit des cenfeurs pour empêcher l'impreffion des livres dangereux, & les gens du roi font tenus de les dénoncer. Si la mufique ne tend qu'à exciter en nous

tenir amicalement & librement enfemble de chofes agréables & utiles en même temps; où ils fe communiquent réciproquement les fruits qu'ils ont tirés de leurs lectures, & les réflexions qu'ils ont eu occafion de faire fur les événemens de la vie ; & où enfin chacun animé d'une noble émulation tâche de contribuer de fa part à l'agrément & à l'inftruction de fes compagnons d'étude ou d'office.

la volupté & la luxure; fi les fpectacles ne font pas épurés; fi la licence règne dans les affemblées deftinées à amufer le public; on ne doit en attendre que l'entière corruption des mœurs. On peut mettre en queftion, fi l'on doit défendre l'entrée de tous les livres nuifibles, par la raifon que malgré les défenfes on trouve moyen de fe les procurer par des voies indirectes, & de les lire fecrètement. Peut-être que fi en permettant l'entrée de ces livres, lorfqu'on ne peut l'empêcher, fans augmenter le défir de les lire, on encourageoit d'habiles gens à les combattre & à oppofer l'antidote au poifon, ils feroient beaucoup moins dangereux, qu'ils ne le font. Au refte tout libraire honnête homme ne fe chargera point du poifon s'il ne peut fournir auffi l'antidote. Chercher fon gain dans ce qui peut nuire aux mœurs, c'eft témoigner qu'on n'en a point foi-même.

363.

A l'égard des jeux *a*), il y en a d'innocens qu'on peut permettre, auffi longtemps, que l'on n'en abufe pas. Mais pour tous les jeux de hazard, où la perte n'eft point bornée; que l'on ne

---

a) Tous les jeux peuvent ceffer d'être innocens lorfqu'ils troublent la tranquillité de l'ame, ou dérangent nos affaires. Ainfi pour juger, fi le jeu eft innocent, il faut fe connoître, & examiner avec foin l'impreffion qu'il fait fur nous, & les chagrins dont il eft fuivi, lorfqu'il nous maltraite. Souvent il nous fait encore plus de mal en nous favorifant; il augmente l'avidité & la paffion.

joue que dans l'espérance de gagner beaucoup; qui tendent à s'incommoder, ou même à se ruiner mutuellement; & qui entraînent presque toujours après eux des suites facheuses & criminelles, on fait sagement de les bannir de la société. Par malheur les lois qu'on publie contre les jeux de hazard, sont la plupart du temps mal observées: ceux qui par leur exemple devroient le plus en maintenir l'observation, sont souvent les premiers à les enfreindre: cependant combien d'infortunés ces funestes jeux n'ont-ils pas faits! C'est la raison, pourquoi ils sont interdits chez presque tous les peuples policés, & que l'on n'accorde point d'action en justice pour les dettes du jeu.

Fin de la première Partie du Tome Second.

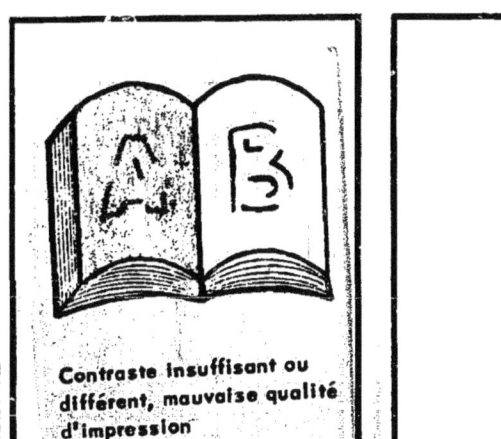
Contraste insuffisant ou différent, mauvaise qualité d'impression

www.ingramcontent.com/pod-product-compliance
Lightning Source LLC
Chambersburg PA
CBHW050649170426
43200CB00008B/1215